海之信仰

陳逸宏
攝影・口述
沈維巖
文字撰述

貢王・擺暝・遶港脚，
島民祭典的影像側寫

朝聖台灣離島

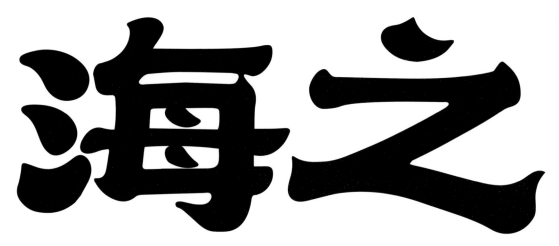

攝影路上不可知的不二法門

陳逸宏

文殊菩薩一直是我最喜歡的菩薩。

祂是大乘佛教最古老的菩薩之一，也是諸佛之師，更是勇於追求究竟真理的勇士。

二〇一三年在台北華山，曾經向普立茲獎得主 Carolyn Cole 請教攝影記者的存在意義為何？

她說：「如果我沒有信念，如果不相信自己的工作可以改變世界，我就無法承擔這份工作帶來的種種壓力。我熱愛攝影，至今都沒喪失這股熱愛，在現場我只是心無旁騖，代替大家的雙眼，記錄下這個因為種族、宗教、貧富不均而分裂的世界！」

這段話讓我受益良多，且反思不已。

想到以前拍的這張照片，與一段維摩詰問諸菩薩，菩薩如何入不二法門的對話。

文殊說：「於一切法，無言無說，無示無識，離諸問答，是為入不二法門。」

維摩詰默然無言。

文殊讚歎說：「善哉！善哉！乃至無有文字、語言，是真入不二法門。」

那影像呢？

對追求影像為修行之道的我，該如何領悟呢？

如果進不了不二，至少不要淪為不三不四才是。

二〇二一年，在好友一葦文思總編輯慶祐跟責任編輯維巖的鞭策加持下，催生了《朝聖台灣：燒王船、迎媽祖，一位攝影記者的三十年祭典行腳》一書，也很幸運獲得當年「Openbook好書獎．年度生活書」的肯定。

快樂的時光總是稍縱即逝，開心沒多久，慶

高雄六龜清涼山護國妙崇寺
攝於二○○九年十一月八日

祐就問我下一本想做什麼？幾經思量，決定花兩年的時間，去記錄各離島的信仰影像，殊不知，這是一個自己搬磚砸腳的重活！既然是自己決定的題目，也沒什麼好抱怨的，終於在二〇二三年底，完成金門，馬祖、小琉球、澎湖，還有綠島及彭佳嶼等六個離島、九個主題的拍攝。

離島的信仰與儀式，跟台灣有一種若即若離的差異感，或許是交通及物資補給的不便，許多在台灣廟會現場已無法與大型夜市、綜藝歌舞團切割，常出現許多「被發明的傳統」，令人費解的同時，在離島反而可以記錄到更多更古老的傳統精神與科儀細節！

這兩年勤飛離島拍攝多次，卻越拍越心虛！因為離島信仰的廣度與深度，完全超乎自己以管窺天的想像！在這過程中，還兩度負傷，一次在金門被紅火蟻咬，另一回在綠島被風吹倒的金虎爺的旗尖砍傷無名指……，箇中緣由，也是另一段可以拿來說故事的素材了。

總之，為了追求攝影路上不可知的不二法門，這些累啊、傷啊、燒錢（飛離島真的不便宜），都不算是個事了。感謝所有在這些過程中，一直支持我的家人、好友及出版社編輯群們，特別是陳伯義跟李孟芳伉儷，希望這本《海之信仰・朝聖台灣離島》，能夠秉持我用影像社會學來觀察與解構台灣宗教儀式的想法，得窺台灣各離島信仰的海天一角，我會繼續帶著相機前行。

對時間軸而言，這才只是序曲……

於二〇二四年七月廿八日

看見台灣民間信仰的游移動線

世界宗教博物館館長——馬幼娟

二〇二一年我接任世界宗教博物館館長一職，當時的基金會執行長釋了意法師設宴邀所有同仁共聚交流，坐我對面的寶髻法師問我：「馬館長，您覺得什麼是信仰？」我想都沒想便回答：「信仰讓我身心安頓，對未知心存敬畏卻無有恐懼。」當然，之所以想都沒想，其實是因為在「找答案」這條路上，我已歷經百轉千迴終於定位。我想說的是：但凡有宗教信仰的人，都是幸福的。

猶記疫情前，我應邀至福建漳州的東山島，參與某台商企業籌設的「關帝文化館」規劃會議。場勘時，董事長站在島上面向大海，豪氣干雲的說：「全台關帝廟都是從閩南東山島出去的。」之後，每次透過小三通至對岸開會，船在海上漂移時，我都會想起他這句話，並想像著信仰與海洋的臍帶關係，以及入境隨俗之後的多元樣貌。這不正是台灣民間信仰最值得探究的迷人之處。

逸宏繼二〇二一年出版了第一本書《朝聖台灣》，二〇二四年底又將出版第二本《海之信仰・朝聖台灣離島》，說明逸宏確實是一位專業的影像及文字記錄者，因為歷經兩年往返記錄：金門、馬祖、小琉球、澎湖、綠島、彭佳嶼六座離島的信仰與生活，若不具備探索的熱情及強烈的使命感，是萬萬無法辦到的。謹代表這塊土地上的子民謝謝逸宏的付出，也期待新書出版後，可以在世界宗教博物館所屬的「方寸之間 Nature In Me」商店上架，以饗觀眾。

追著神明跑的影像記錄者

金鐘主持人・旅遊 Youtuber —— 屠潔

何其有幸為神明欽點的攝影師寫推薦序，我們的相遇也是神明的牽引。

和逸宏哥認識，是在二〇二一辛丑年的白沙屯媽祖進香。我們在同一座橋墩上等著粉紅超跑，當時背著攝影機衝來橋上的逸宏哥，專注而迅速的按下快門，留住了香燈腳與媽祖的瞬間畫面，也牽起了我們的緣分。而那一年，身為香燈腳新手的我們，從逸宏哥口中得知了白沙屯的二媽遊庄，幸運地參與了全程。

當時我真的覺得遇到了活著的廟會寶典，不久之後《朝聖台灣》一書就上市了，對於喜好記錄台灣廟宇文化活動的主持人來說，真的是奉為經典。後來我們也在東港迎王、小琉球迎王一面追著神明、一面交流文化，更邀請他來到我的廣播節目中分享。

記錄廟會文化並不是件容易的事，從早到晚，是技術活也是體力活，而這次逸宏哥將難度拉得更高，《海之信仰・朝聖台灣離島》來到了各個離島。透過他的鏡頭與文字的紀錄，我驚訝於看似一樣名稱的祭典，但在離島變化出了更多符合當地風俗的樣貌，我帶著敬畏與驚喜翻閱每一頁，謝謝逸宏哥讓文化得以保留與傳承。

絢麗祭儀影像中的人文底蘊

攝影家——張良一

攝影家陳逸宏秉持著拿命在拚的態度，花了兩年時間，兩度負傷狀態下，在金門、馬祖、小琉球、澎湖、綠島以及早先拍攝的彭佳嶼等六座離島，拍攝質量均豐的台灣離島祭儀的影像作品。

一般人要在兩年之內走訪這六座島嶼已有難度，而陳逸宏總在惡劣天候的寒冬進行拍攝與調研任務，其精神、毅力與體力令人感佩！

陳逸宏擁有卅年攝影記者的資歷，培養出在混亂擁擠緊張衝突的環境下，仍保有冷靜與專注的心。

他時而貼近、時而抽離，在專業拚搏的幹勁下，呈現出小琉球迎王、送王的絢麗飽滿節慶影像，馬祖列島擺暝的魔幻寫實，澎湖新舊一代島民不同價值觀的傳統信仰，金門仍遵循著禁忌的送王傳統。在絢麗、幽幻、飽滿、精準的影像風格下，仍保有人文關懷的深厚底蘊。而我們也有幸在攝影家陳逸宏的鏡頭下，看見島嶼信仰多彩、豐厚的文化價值。

目次

附錄一：小辭典

之一

之二

附錄二：長知識

之一

之二

之三

之四

附錄三：攝影經驗談

之一

之二

之三

之四

金門之一

央

慶祝浯島城隍遷治三百卅周年紀念，來自台灣各地廿七尊城隍爺金身，乘坐蜈蚣座巡安金城鎮老街，是謂城隍大會師。
攝於二〇一〇年

浯島迎城隍、烈嶼貢王、后湖昭應廟卯年海醮、同

浯島迎城隍

金門由金門本島（大金門）、烈嶼（小金門）、大膽、二膽等十二個島嶼組成。曾在一九四八年十二月至一九九二年十一月實施戒嚴。

浯島是金門古地名，每年都會舉辦「浯島迎城隍」。我第一次記錄金門迎城隍，是在二〇一〇年，疫情期間，規模縮小或甚至停辦。疫情嚴峻，中斷了我原本的拍攝計畫，事隔十三年，二〇二三年的浯島迎城隍再度舉行城隍大會師，來自全台各地卅四尊城隍神尊齊聚金門，吸引我再次從台灣飛去金門記錄這個難得的盛會。

城隍大會師，神尊上蜈蚣陣

我曾在台灣記錄過百足真人蜈蚣陣，上

「打花草」是金門後浦小鎮的傳統陣頭，由唐朝傳說「鄭元和與李亞仙」改編而來，講述書生鄭元和進京赴試，因愛上煙花女子李亞仙，流連青樓導致錢財散盡，最後淪為乞丐的故事。最具特色的是化丑角妝打赤膊的男生，因為是由小朋友演出，格外吸睛。

攝於二〇一〇年

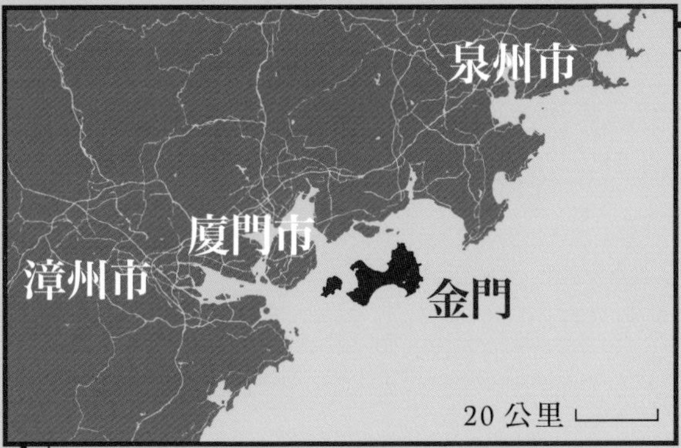

之一·金門

行政區—屬福建省金門縣，管轄金城鎮、金湖鎮、金沙鎮、金寧鄉、烈嶼鄉、烏坵鄉。

人口—十四萬四千零卅四人（至二〇二四年三月）

面積—一百五十一點六五五六平方公里

1. 新市忠義廟
2. 瓊林
3. 金門機場
4. 昔果山風獅爺
5. 后湖昭應廟
6. 歐厝
7. 歐厝沙灘
8. 建功嶼
9. 延平公園
10. 金門大橋
11. 麒麟山
12. 北風爺
13. 西方宮玄天上帝
14. 獅嶼
15. 上林李將軍廟
16. 青岐清水祖師廟

古名：浯洲，仙洲、浯江、浯島

2 公里

面坐著小朋友扮演各種不同角色。二〇一〇年金門的城隍大會師，百足真人陣很特別。保留以人力扛的傳統，其中有座特別的蜈蚣陣，上面坐的不是小朋友，而是來自全台各地廿七尊城隍爺神尊。

關於台灣民間信仰，通常會說：「北城隍、中媽祖、南王爺」，顯示在台灣北、中、南的主要信仰各有不同。依照「北城隍」說法，我以為北部才有城隍盛會，沒想到在金門「浯島迎城隍」舉辦的城隍大會師，匯集了來自各地的城隍爺，場面盛大。

遶境中我拍到一些較特別的陣頭，像打花草、水族陣等，還有藝閣，這和之前曾記錄過的佳里金唐殿不太一樣，金唐殿的陣頭很多是用鐵架輪子取代人力。事隔多年，當我決定要記錄離島廟會，第一個想到最具代表性的，就是金門的浯島迎城隍。

沿路收妖，油鍋火光震懾人心

如大家熟知，城隍爺掌管陰間司法，城隍爺遶境就是一路上收服那些我們看不到的妖魔鬼怪，保佑蒼生平安。

城隍遶境分為日巡和夜巡，通常在日巡之前會有一天或兩天的夜巡暖身。這些暖身活動包括四境特色藝陣展演大遊行、迎鑼鼓。這次在夜巡隊伍裡有油鍋，聽說不是每年都有，覺得好特別，我鎖定一路跟著油鍋走。油鍋燃起熊熊烈火，在黑暗夜色裡特別光亮醒目，據說城隍爺會將一路上收服的妖魔下油鍋就地正法。熾熱火光不只是畫面令人目眩，其背後的宗教意涵更是震懾人心。

浯島迎城隍廟會活動所見到的輦轎文化，和在台灣廟會所見大不相同，其擺動劇烈，幅度幾乎達到九十度，甚至整個翻轉，前後九十度，呈現一百八十度幾乎快碰到地面。這種不同以往拍攝過的大動作翻轉，畫面非常特別。

1 | 2

1. 由孩童扮演「觀世音」的真人藝閣。
攝於二〇一〇年

2. 在廟會慶典中，常出現動物擬人化的「水族陣」，重頭戲是「漁翁戲蚌」裏的「鷸蚌相爭」，此為「蚌精」。自製的道具綴拾著粉紅色的網紗，繽紛感十足。
攝於二〇一〇年

2 | 1

1. 浯島城隍的真人藝閣，多以人力車載行遶境，對扮演神角的孩童而言，情緒管理與體力負荷都是一大考驗。
攝於二〇一〇年

2. 人力車載著藝閣神童，在金城鎮老街的窄小巷弄中，穿梭自如。
攝於二〇一〇年

人力蜈蚣陣上的神童們。
攝於二〇一〇年

長知識 城隍爺信仰

源自春秋時期，原為守護城池的神明，屬於自然崇拜。戰事頻繁的時代，城池堅固甚為重要，可以禦敵衛民而有城隍神的出現。

城隍廟興建始於三國時代。城隍信仰普及是在唐、宋，執掌包括守禦城池、保障治安，擴及水旱吉凶、冥間事物，逐漸形成直臣死後成為城隍爺的觀念，一直影響到明、清。

明初依行政地位封各地城隍為帝、為王，後去其封號，只稱都城隍、府城隍、縣城隍。清代更重視城隍祭祀，官方信仰影響民間，民間將城隍爺視為陰間的地方官。

台灣主祀城隍爺的廟宇代表：台北大稻埕霞海城隍廟、新竹都城隍廟、嘉義市城隍廟、宜蘭縣城隍廟、台南市城隍廟、台北府城隍廟。（資料來源：文化部台灣大百科全書：城隍爺）

小辭典 藝閣

又名臺閣，與陣頭合稱藝陣，傳至日本則稱作山車或屋台。常見於迎神賽會，通常由小孩扮演各種神話、戲劇人物，坐在精美閣子裡，由人抬著，或是搭載於車上遊行。

藝閣源自漢代上元節點燈的民俗技藝，唐代開始，出現山車和陸船的動態表演形式。到了清朝，山車和陸船又發展成民間迎神廟會的重要遊藝陣頭，由於頗似樓閣，因而有「藝閣」之稱。

台灣的藝閣相傳自廈門、泉州傳入，至今大約有三百年歷史。（資料來源：中文維基）

蜈蚣陣上英姿煥發的神童。
攝於二〇一〇年

2 | 1

1. 在暗夜中，以火爐油鼎當前導，鑼鼓陣、將軍爺和文武判官在境內踩街探路並沿途吆喝，預告城隍爺即將出巡，周遭孤魂野鬼要盡快閃避。城隍出巡前，會從農曆四月九日到十一日的晚上，舉行為期三天的鑼鼓排練，稱為「打鑼鼓」。
攝於二〇二三年

2. 「打鑼鼓」踩街時，謝將軍跟小朋友們大手牽小手，神人同巡。
攝於二〇二三年

牙醫診所

Corner Coffee
Enjoy

3 | 1
| 2

1. 金門的神輦與眾不同！

「輦」是戰車之意，是王爺專屬的神轎，所以輦的頂端都會有象徵軍旗的令旗。扛輦的轎班們會賣力地搖晃輦轎，四人必須齊心合力，腳踏七星步，身姿擺動同步。當最後一位大弓步時，眾人角度要一致彎腰，就像為神靈獻上最崇高敬意，角度越大代表著敬意越大，也代表著這一個隊伍的技術越高超。
攝於二〇二三年

2. 會噴火的武轎通常標配超炫燈光、震耳電音，在晚間遶境時，吸睛度百分百。
攝於二〇二三年

3. 這種「暗夜街頭站，油鍋眼前過」的特殊視覺經驗，相信對金門的小朋友而言，並不陌生。
攝於二〇二三年

來自台灣各地共卅四尊城隍爺
各安其座，準備出發。
攝於二〇二三年

臺灣省城隍廟
港城隍廟

卅四尊城隍爺齊聚在人力蜈蚣座上，進行「遶境巡安」。
攝於二〇二三年

「龍頭鳳尾」造型的人力蜈蚣陣。
攝於二〇二三年

1｜2

1. 「打花草」是城隍遶境時南門境獨有陣頭。因為成員年長消亡，幾成斷層，今有後輩年輕新血承繼者加入演出行列。
攝於二〇二三年

2. 「遶境巡安」時跑先鋒的報馬仔。
攝於二〇二三年

TOSHIBA
奇美
變頻
空調
惠而浦
ZOJIRUSHI
象印
速·極省

3	1
4	2

1. 「公揹婆」是流傳閩南鄉土民間藝術古老的民俗舞，又稱「公央婆」。「央」的閩南語是「揹」的意思，「公揹婆」也叫「尪婆陣」。
   攝於二〇二三年

2. 金湖鎮新市忠義廟「下壇將軍」軟甲虎爺大、小將軍。
   攝於二〇二三年

3. 城隍大會師，城隍爺乘坐蜈蚣陣經過金門百年老街「模範街」。
   攝於二〇二三年

4. 人力車真人藝閣王昭君。
   攝於二〇二三年

新
市
孝節義

金湖鎮新市忠義廟三頭六臂「中壇元帥」
哪吒三太子與關平將軍大神偶。
攝於二〇二三年

烈嶼貢王

小金門也叫烈嶼。二〇二二的年底，我踏上小金門，待了三天兩夜，記錄烈嶼貢王。

「貢王」是每年十一月在烈嶼各處舉行的送王，是烈嶼很特別的專有稱呼。其中有個地名「西方」，直覺是念「se-hong」，事實卻是指「住西邊的方姓聚落」，所以要唸「sai-png」才對，和原來認知不一樣的事情，讓我覺得很有趣。

記得到烈嶼的第一天，我跟租車店老闆說晚上想要到大金，夜裡再從大金回來。老闆很驚恐地看著我，本來是跟他租摩托車，後來他強烈建議我開車去。他怕我沒來過烈

在送王當日的早上，住在西甲西方宮附近的老人家，會用扁擔挑著供品到廟裡獻給王爺，祈福降安。
攝於二〇二三年

嶼，晚上在金門大橋騎車，萬一風太大發生意外，堅持不讓我騎摩托車。最後變成我租摩托車，他卻給了我他的轎車。

因為路況不熟，老實說，谷歌導航也跟鬼打牆似地派不上用場，在烈嶼那幾天，一直有猶如身在迷宮的感覺。

烈嶼的王船

烈嶼廟宇眾多，燒王船則是一年一次，在那個時間點前後幾天，每日都有燒王船。送王之前，我們會先去看王船造型或民眾供祭。問廟方：「什麼時候送王？」得到的答案卻只有大概的時間，也不見得很準。還好有在地好友、廟會達人帶著，穿鄰入巷，不然在烈嶼若只靠導航，真的沒用。這邊某間王船剛點火，他就說該走了，趕快去下一間，下一間的王船已經在往海邊的路上。烈嶼的王船造型較小，造價大概十到十二萬台幣左右，在海邊燒起來，一下子就燒完了。

金門比較特別的是，王爺來的時候，可以看出當地人對於宴王（準備供品祀王）的重視。阿公、阿嬤們都很虔誠，阿嬤頭戴著春仔花，一早遵循古禮用扁擔挑著裝滿貢品的竹簍——也就是天擔，來到廟裡拜拜。

年輕人大都外流，這樣的場合看不到那麼多年輕人，都是虔誠的阿公阿嬤。他們年紀大了體力有限，就用折衷方式，在離廟大概廿公尺的附近把車停好，再用推車推到廟旁，把天擔供品依照傳統方式挑進廟裡。

1｜2

1. 金門烈嶼西方宮前，依傳統習俗以扁擔扛天擔的長者。
攝於二〇二二年

2. 金門烈嶼西方宮。拜拜完畢，居民用手推車將扁擔及供品推回家中。
攝於二〇二二年

佛祖　玄天上帝

小辭典　送王

閩南或台灣盛行的王爺信仰的儀式。早年認為王爺是瘟疫象徵，後演變為驅除瘟疫的神明。王爺是代天巡狩，民間恭送王爺搭船返天宮，以火焚之，送王又稱遊天河，俗稱燒王船，有送走瘟疫、保佑鄉里平安之意。

小辭典　春仔花

纏花又稱春仔花，是閩南傳統手工藝，以鐵絲、紙片、絲線纏繞製作而成。婚慶時，女性會配戴春仔花當作頭飾，象徵喜慶、祝福。婚禮中，新娘的女性長輩會依照不同的身分，配戴不同造型的春仔花。隨著婚俗的改變，如今戴春仔花的習俗日漸式微。

2 | 1

1. 金門烈嶼西方宮虔誠拜拜的阿嬤。
攝於二〇二二年

2. 金門烈嶼上林李將軍廟。到廟裡拜拜的婆婆頭上都會戴著「春仔花」，且每人戴的春仔花形式各有不同，是為當地特色。
攝於二〇二二年

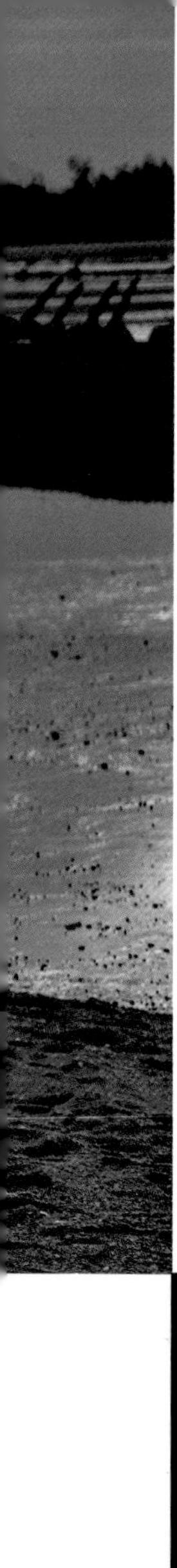

維持靜默的送王傳統

我在烈嶼不同地方拍到的幾艘燒王船，不管是傍晚或凌晨送王，都依循傳統禁忌，民眾不能去看，這和早年我在故鄉東港所見習俗一樣。

小時候我們被嚴格告誡，不能去看送王，我媽也沒看過。王船著火代表王爺起駕要離開，火起時，所有轎班會轉身、卸下腰帶、拿下魯笠（轎班所戴、類似斗笠的帽子），表示任務完成。在那個時刻絕不能回頭看，傳說如果回頭看，就會被王爺帶走。

不過近年這幾科送王，現場卻是人山人海，有人拿手機拍，也有媒體拍攝，還有外面的夜市人聲鼎沸，擠滿外來觀光客，宛如歡樂派對。只有轎班們還遵循傳統禁忌，默默轉身離開，儼然平行世界。這到底是好或不好，我也不知道。但是我在金門看到的習俗，依然維持轉身靜默離開的送王傳統。

2 | 1

1. 金門烈嶼上林李將軍廟在送王前會先恭送玉皇大帝。
攝於二〇二二年

2. 金門烈嶼上林李將軍廟送王船。
攝於二〇二二年

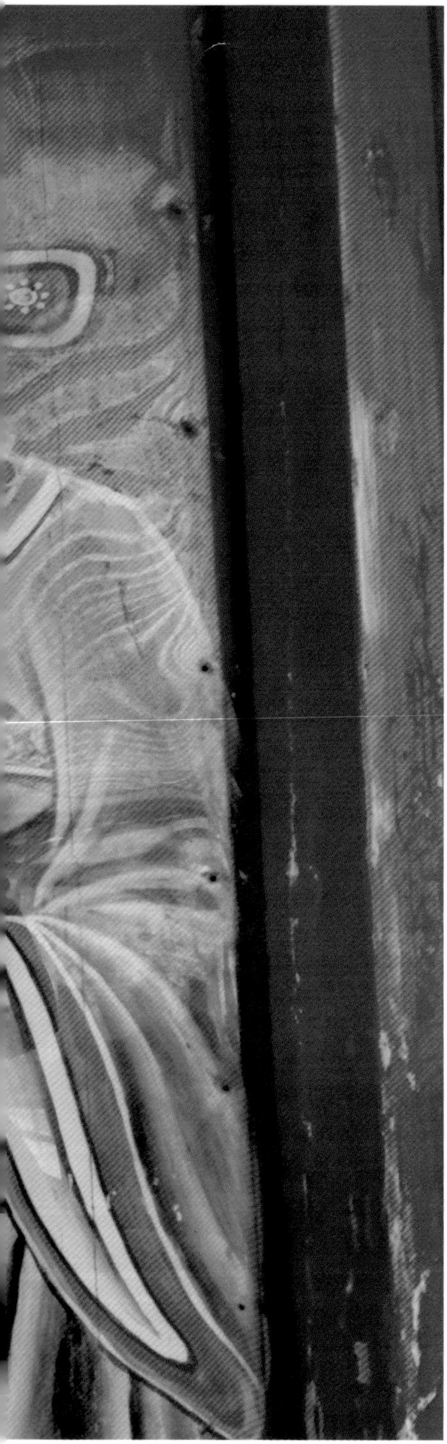

3 | 1
　| 2

1. 金門烈嶼西方宮的乩童。
攝於二〇二二年

2. 金門烈嶼西方宮。起駕前，乩童會先燒符令進行淨化。
攝於二〇二二年

3. 金門烈嶼西方宮的道士。
攝於二〇二二年

靜夜裡傳來的聲音

有一天在「西方」的玄天上帝廟，出發前就被嚴格告知，全程要噤聲，絕對不能在過程中叫任何人的名字。參與的人都先跟廟方打過招呼，他們同意才能跟隨。出發前，廟方會發給我們一張符令傍身。晚上穿街過巷，到了送王的海邊，整個過程，在王船燃燒前，一點聲音都沒有，只有窸窸窣窣的腳步聲。

金門大都是雙乩童，火一著起來，兩位乩童過來驅趕我們，他們殿後。身為記者的直覺，燒王船火苗漫天，怎麼可能只拍一張？我有點想越界，心想，反正相機有翻轉螢幕，乩童在背後，我的動作他應該看不見。

我心生意念，想用身體擋住、偷偷把相機拿起來用翻轉螢幕讓鏡頭對著後方，應該可以拍到照片，技術與邏輯上可行。

就在我意念初起，正準備用手碰觸翻轉螢幕的那一剎那，背後距離我很遠、差不多三到五公尺以上，夜空一片安靜的狀態下，突然傳來很大一聲「莫回頭！」，如雷灌耳，我整個人像被雷打到。祂似乎從背後洞悉了我的意念，讓我嚇到腳底冒汗。

這麼多年的拍攝，這種神奇特別的經驗在我的家鄉東港都沒遇過，竟然是在金門烈嶼的貢王碰上了！

金門烈嶼西方宮。凌晨三點起駕送王，全程噤聲。王船經過部隊宣傳刺槍術壁畫，貫古穿今。
攝於二〇二二年

肅靜
代天巡狩

金門烈嶼西甲西方宮送王。
攝於二〇二二年

在大金門大家崇拜的就是耳熟能詳可以鎮邪的風獅爺，可是小金門不拜風獅爺，這件事我第一次知道，原來小金拜的是風雞還有北風爺。二〇二二年是我拍攝烈嶼的初體驗，時間慌亂宛如接力賽，匆忙完成。烈嶼是個非常神奇的地方，二〇二三年本來想再回去把烈嶼貢王更多細節做詳細紀錄，後來卻因故未成行，是為殘念。

國共對抗的戰爭時期在海邊留下「軌條砦」（音同「寨」），這些做成四十五度的鐵條，是昔日為防共軍登陸構築的防禦工事。

王船在海邊點燃的一刻，背景畫面是過去金門經歷戰爭的遺跡軌條砦，構成一幅很特別、很有歷史感的畫面，我非常喜歡。

2 | 1
3 |

1. 經過上林社區活動中心旁戰地氣息的塑像，金門烈嶼上林李將軍廟送王船。
攝於二〇二二年

2. 金門烈嶼上林李將軍廟送玉皇大帝的隊伍，前往上林海灘。
攝於二〇二二年

3. 金門烈嶼上林李將軍廟送王船。在傍晚起火遊天河，背景的「軌條砦」，是用廢棄的火車鐵軌製成，末端被削成尖刺狀，斜插在水泥漿灌鑄而成的底座上，用來抵禦敵人船隻登陸，又稱之為「反登陸樁」，形成宛如「魔幻時刻」的絕佳景象。
攝於二〇二三年。

將軍橋

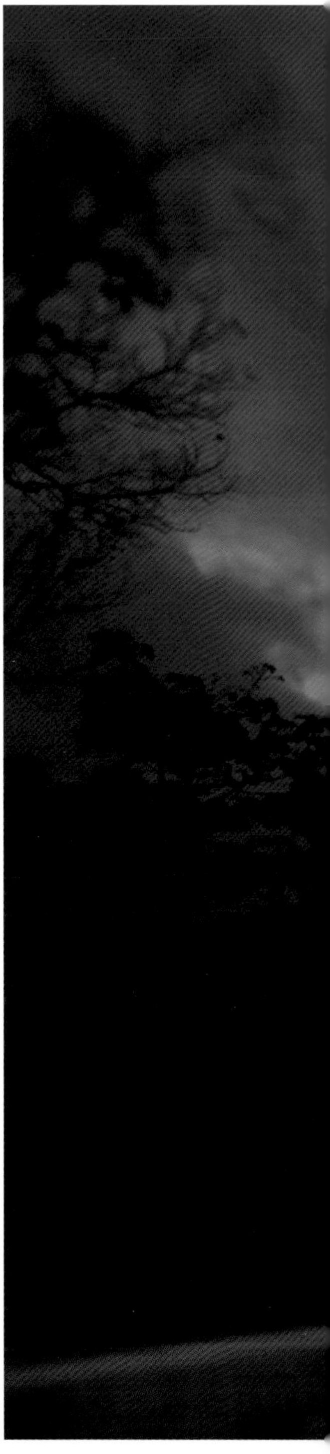

2 | 1

1. 有別於大金的「風獅爺」崇拜，小金（烈嶼）的鎮風止煞崇拜有二：「北風爺」與「風雞」。「北風爺」俗稱黑面風王，立於島上西方社區往后宅的上坡路段，面向北方。塑像黑手黑臉，手持法器九節鞭，私以為，與武財神趙公明的外觀神韻有高度相似之處，或許以後有機會可以再深入探討。
攝於二〇二二年

2. 風雞信仰：烈嶼居民在各處豎立「白雞」塑像，用以鎮煞、剋蟻害與護宅。「白雞」為何稱為「風雞」？因民國八十八年第三屆鄉運會烈嶼鄉以白雞做為吉祥物圖案標幟，搭上風獅爺的順風車，從此改稱為「風雞」，烈嶼因此成為「風雞的故鄉」。
攝於二〇二二年

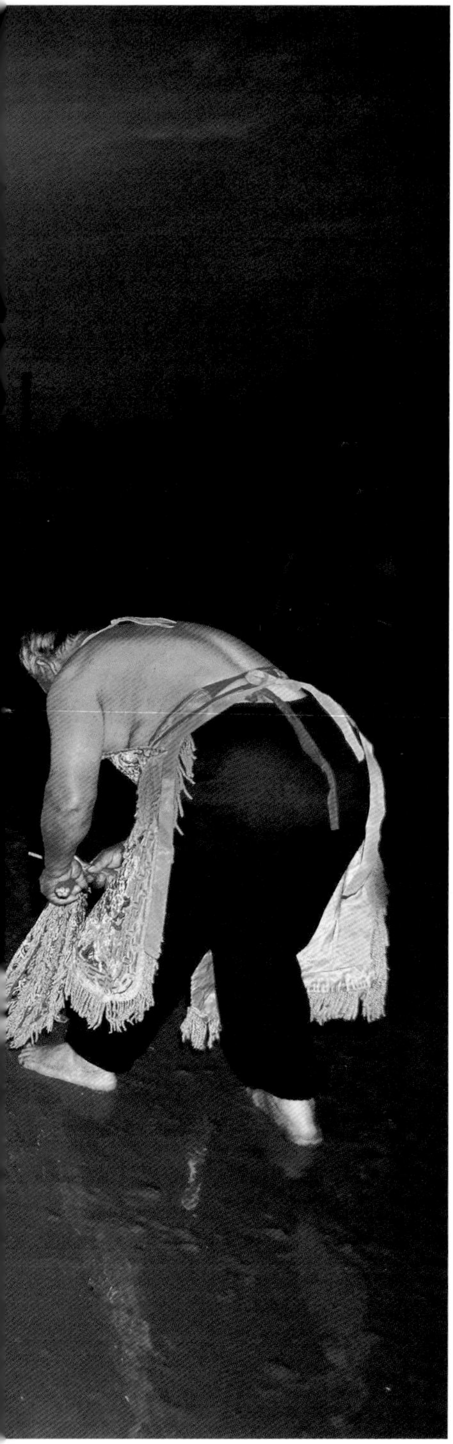

3 | 1
2

1.2. 金門烈嶼青岐清水祖師廟送王船。
攝於二〇二二年

3. 金門烈嶼青岐清水祖師廟送王儀式。
攝於二〇二二年

金門傀儡戲劇團《內簾四美》，二〇一八年登錄為金門縣無形文化資產，演出主要以神明誕辰、婚禮酬神、祝壽祈福為主，音樂則以南管伴奏。
攝於二〇二二年

后湖昭應廟卯年海醮

開始記錄烈嶼之後，很多廟會都是我第一次聽到。除了迎城隍較耳熟，貢王跟海醮都是我第一次做影像記錄。

海醮的源起

后湖昭應廟海醮源於百年前的一次海難。一九一四年，當地九人因討海遭遇狂風猛浪襲擊，六人不幸往生，廟內神明起乩前往后湖海邊與四海龍王理論，約定每逢卯年（兔年）必做海醮犒賞水族、超度幽魂。

昭應廟王爺降旨，后湖自一九一五年起，每十二年、逢卯年必舉行海醮，延續至今，已有超過百年歷史。二〇二三年我來到后湖拍攝海醮，正好是第十屆。

海醮祭典分佛教和道教。有兩個主場，一個在昭應廟，有很多科儀進行，另一個主場在海邊，分三個壇，一個是佛教，有金童玉女、菩薩，第二個是扶桑大帝（即東華帝君）、四海龍王。第三個就是普度時會出現的面燃大士爺、黑白無常。

1 | 2

1. 金門后湖昭應廟海口靈厝，二十四孝山。
攝於二〇二三年

2. 金門后湖昭應廟。在制煞戲開始前，用長鏡頭壓縮熊熊火焰燃燒時，前來拜拜燒金的居民身影，形成一幅奇特的疊影。
攝於二〇二三年。

金門后湖癸卯年海

金門后湖昭應廟。使用攝影的「強制性補光」，縮小光圈以製造出太陽光芒，紅黃色的廟銜龍旗在藍天白雲的襯托下，更顯神威赫赫。
攝於二〇二三年

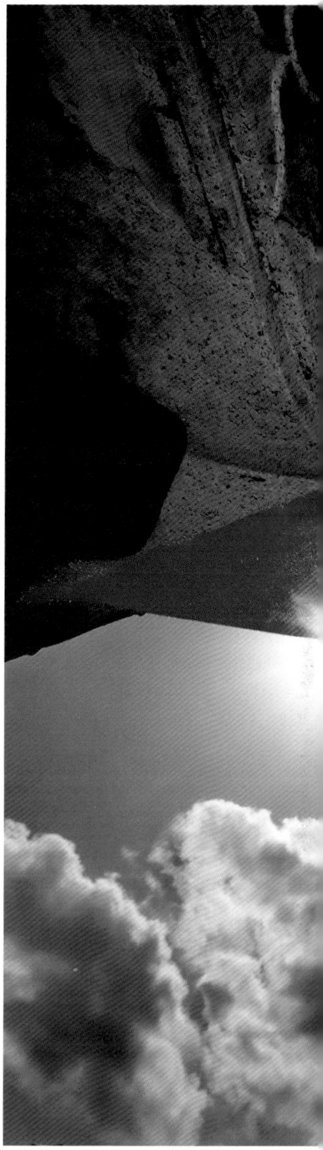

1 | 2

1. 扶桑大帝。根據維基百科的資料，東王公亦稱作東王父，也稱扶桑大帝。是中國神話和道教的神仙，傳統上與西王母相對應：西王母統率天界的眾女仙，而東王公則統率所有男仙。另有許多稱號，如東華帝君……等。
攝於二〇二三年

2. 四海龍王之東海龍王：敖廣。東海龍王為青龍，能控制雨水、雷鳴、洪災、海潮等等。
攝於二〇二三年

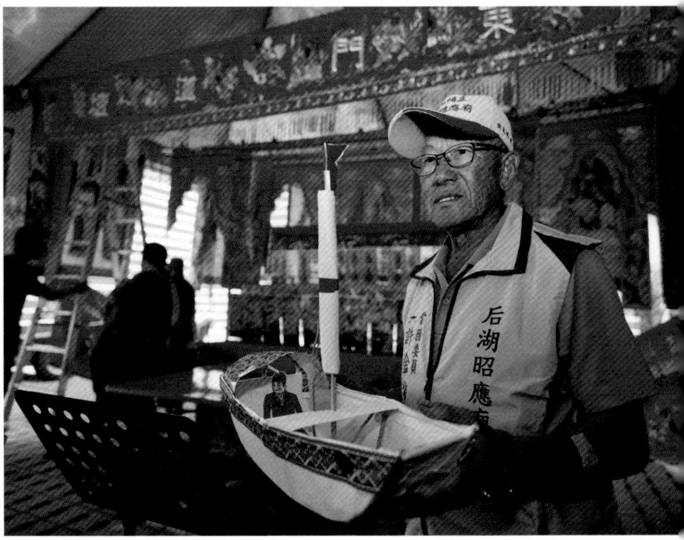

放船

第一天「放船」。「放船」跟後面提到的「送船」不同，放船只有一艘，送船則有四十艘。

放船是在海邊挖一個坑，把紙紮的小船放進去，小船上有一個帆、一個人，連同金紙燒化，宣布海醮開始。進行時，主祭者虔誠跪拜。

2 | 1

1. 正式海醮前兩日，廟方主祭者會進行「放船」儀式。
攝於二〇二三年

2. 在海邊事前豎旗定界的沙灘上進行「放船」儀式，挖坑將小船埋入，與金紙一起燒化，宣告超度、普度及海醮即將展開。
攝於二〇二三年

制煞戲、進桶盤

第二天會有制煞戲、進桶盤，這些都是台灣較少見的。

演出傀儡戲做為制煞戲，制煞戲結束後，供桌上會出現一些我以前在基隆看過的「看生」、「看桌」，在這邊也有出現。很多都是用魷魚乾為材料，因為靠海，以容易取得的海產做成栩栩如生的各種動物造型。

進桶盤是很特別的儀式。乩童們一整排站到板凳上，道長念疏文，乩童捧著很大一副毛巾包覆的金紙，道士會唱誦路關咒，乩身們會隨著節奏一起踏著步伐，這就是進桶盤儀式。

小辭典 看生、看桌

「看桌」是普度或醮典時，利用巧思將供品食材生動擺設，讓好兄弟飯前飯後可以「駐足觀賞」的習俗。

「看生」又稱「看牲」，普度或醮典牲禮供

品透過果蔬雕飾、捏麵動物造型、肉魚食材擺飾製作成供觀賞的習俗。

2 | 1

1. 金門傀儡戲性質分為文戲與武戲二大類。文戲主要用於敬天公及婚俗等，戲碼為主人擲筊確認後進行，武戲主要為宮廟或宗祠建築進行奠安儀式過程所演出之傀儡戲，內容以制煞功能為主，具時代或流派特色。此為海醮前之制煞戲準備。
攝於二〇二三年

2. 金門的普度桌很特別，最著名的是「滿漢全席」。包括：五湖四海、三色糕、圓蹄燒割、八大八小、碟仔、菜碗……
攝於二〇二三年

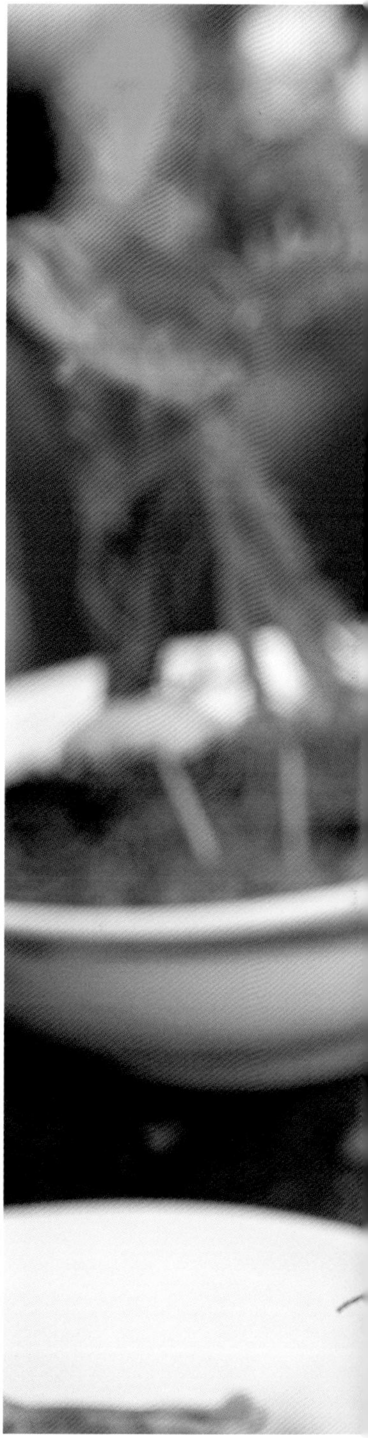

2 | 1

1. 金門普度桌上，「八大八小」的靈獸。
攝於二〇二三年

2. 金門普度桌上的「八大八小」，是以肉品、內臟或魷魚乾等為主要材料，進行造型雕塑菜式。雕塑主角主要是龍、鳳、虎、豹、象、熊、兔子等動物造型供品，象徵靈獸、靈禽。
攝於二〇二三年

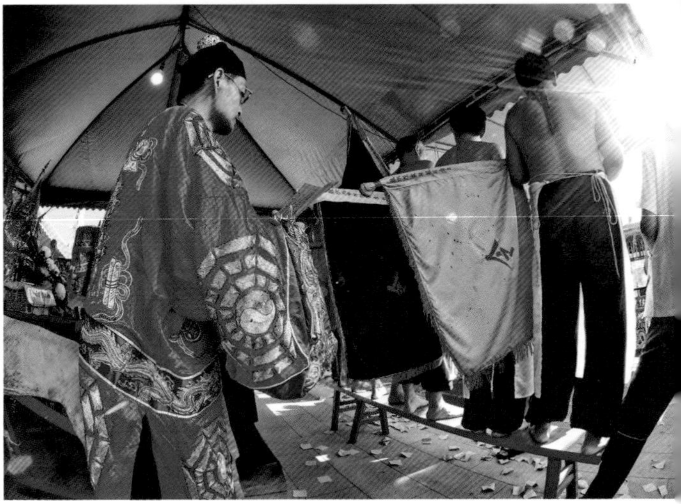

1
2

1. 海口靈厝的水龍王宮裏，騎九頭獅的救苦天尊，肩上有尊小雷公。
攝於二〇二三年

2. 「進桶盤」儀式在金門非常普遍且常見。一般民眾又稱為「進金紙」，執業的道士、法師、乩童，則稱「進桶盤」。儀式為「過路關」，是居民用以添壽、添運、祈求平安的儀式，這項儀式通常伴隨著金門各聚落的宮廟或私人神壇的神明聖誕醮儀舉行。
攝於二〇二三年

金門后湖昭應廟，八位乩童一字排開，站在條凳上進行「進桶盤」儀式。
攝於二〇二三年

2 | 1

1. 海醮第三日，道教儀式宣經超度。
攝於二〇二三年

2. 抽籤選出兩位主祭者，擔任披麻帶孝及執持幢幡的孝男角色。
攝於二〇二三年

宣經超度

第三天是宣經超度。我記錄較多的是道教的儀式，乩童們不斷在廟與海邊來來回回，至少十趟，重複進行宣經超度。道教的海邊祭壇會出現「轉轙」，一般也稱「水轙」。

經過這樣的科儀後，在現場火化。這是超度牽引之意，把亡魂牽引上岸讓祂們洗淨、更衣，最後結束時進行「走赦馬」，行話叫「溜離」。是在「做功德」時，道士手裡拿著紙馬紙人，在法壇四周來回遊走，算是超度儀式的收尾。

接著進行「送玉皇」、「除靈化庫」的儀式，然後送水府龍王，乩童會去巡點民眾帶來的祭品，直接用饅頭插香。到晚上要除靈化庫，把現場的四海龍王、大士爺，在后湖海邊全部都火化掉。

小辭典 轉轙

轉轙又稱牽轙、轉狀，台灣民間濟度非常死亡的道教招魂、祭祀儀式。分為三種功能：水轙濟度水難溺亡，血轙救度產難刑傷，陸轙拔度亡魂。

1|2

1. 海醮第三日，道教儀式宣經超度。
攝於二〇二三年

2. 給超度亡魂使用淨身的洗漱用品。
攝於二〇二三年

2 | 1

1. 海醮主祭場域，海口靈厝。
   攝於二〇二三年

2. 「轉轙儀式」主要意涵即「藉由轉動象徵梯梁的法轙，憑賴太乙救苦天尊神光接引，以牽昇救拔沉淪的苦魂」，體現教義度生度亡的不可思議功德。轉轙一般為濟度非常死亡之亡魂，其儀式依其宗教功能，有所不同。水轙用以濟度水難溺亡，顏色常見是白色的（或用黑色）。血轙用以救度產難刑傷，用紅色或五方色。
   攝於二〇二三年

放赦馬。
攝於二〇二三年

1 | 2

1. 海醮第三日頒降赦命科儀
攝於二〇二三年

2. 放赦馬。奉三天敕命，請頒赦罪之文，恭請赦官將赦書快馬遞
送天地水三界各屬單位查照。
攝於二〇二三年

2 | 1
3 |

1. 「包仔香」是台灣普度時時常會見得到的物品，雖然各地有所不同，但在包子或麵龜上面插香的作法，都是大同小異的。進包仔香是普度科儀中，極重要的一環。
攝於二〇二三年

2. 大士爺、范謝將軍坐鎮。
攝於二〇二三年

3. 乩童巡點普度儀式中民眾的施食。
攝於二〇二三年

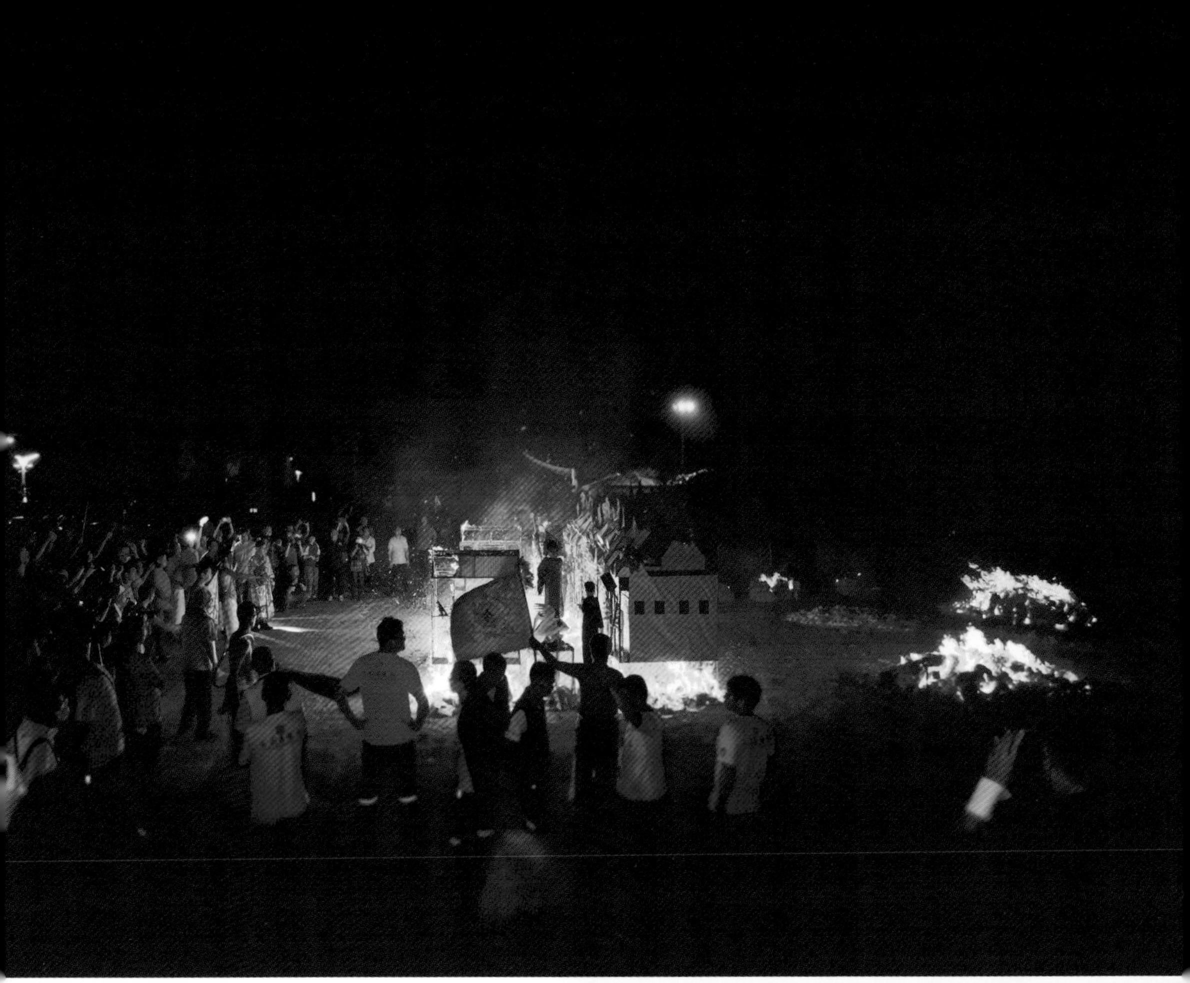

3 | 1
  | 2

1. 在海濱公園外側廣場除靈化庫，焚庫錢及除靈現場，肅穆而神祕。
攝於二〇二三年

2. 送水府與龍王，在海灘上焚化。
攝於二〇二三年

3. 功成身退，焚化昇天的龍王。
攝於二〇二三年

最後焚化所有糊紙神尊，辭神收軍。
攝於二〇二三年

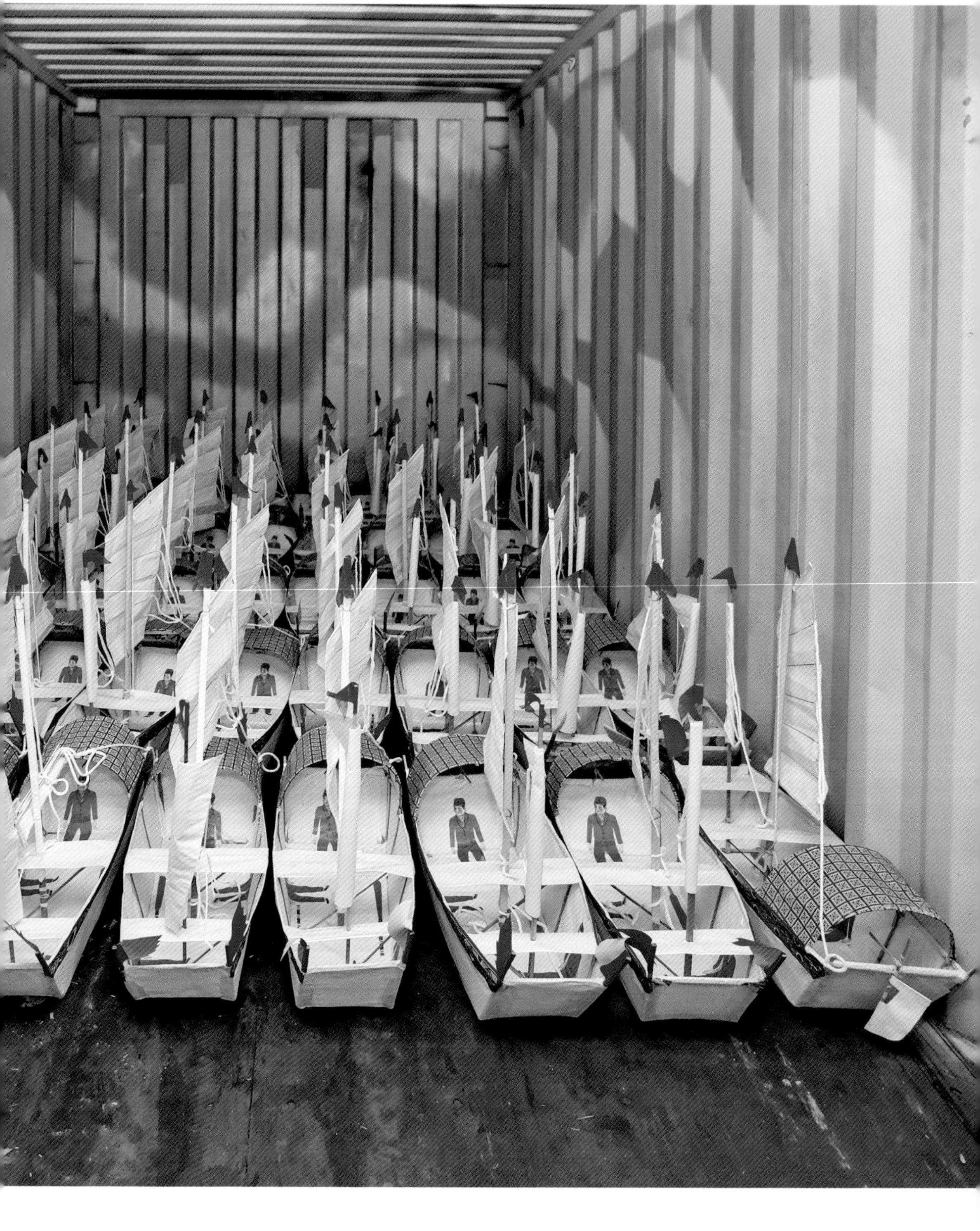

送王船

最後一天送王船。早上日出時，共有四十艘船，先存放在一個貨櫃屋，乩童在現場做了一些儀式後，擺放火化。整個過程從放船到最後的送船，完成長達五天的海醮。

儀式中，兩位主祭者必須披麻戴孝，視為自家辦喪事一樣，代表一百多年前船難的家屬。這項習俗非常特別。

對我來說，像金門后湖十二年一次的海醮，是我第一次見識到。下次要再看到海醮要再等十二年，下一個兔年就是二〇三五年了。

1. 海醮結束隔日，在后湖海邊火化紙船（當地人也稱為「王船」或「龍船」），進行送幽魂儀式，以紙糊船隻恭送亡魂返回原籍地，共計四十艘雙帆紙船。
攝於二〇二三年

2. 送船儀式進行中。
攝於二〇二三年

黎明時刻，在熊熊焰火下進行送船儀式，十二年一度的后湖昭應廟海醮也正式告一段落，下回再見要到二〇三五年了。
攝於二〇二三年

同場加映

廟會之外，金門還有許多值得一看的精彩之處。

令人驚豔的磁磚畫

讓我驚豔的是，金門的廟宇裡有很多磁磚畫，這種磁磚畫在台灣某些地方還找得到，但已經非常少見，可是在金門看到磁磚畫的機率非常高。

廈門很多的廟裡也有，金門和廈門都保留了這些磁磚畫，在台灣看到的則較小幅，沒有那麼巨大。我現在居住的花蓮新城，有一間七十八年廟齡的鎮安宮，雖經改建，被保留下來的磁磚牆上則寫著捐獻者名字，而且是直接用毛筆手寫，但不像金門整面牆都是磁磚畫這麼豐富多元。

磁磚畫上會看到很多有趣的故事，例如廿四節氣，雨水就畫龍王，驚蟄就是被雷打到，把地下的蟲驚醒，清明就用無常，每個節氣都用擬人畫，有些則畫在廟門上。磁磚畫可說是到金門必看的特色。

連環畫式壁畫

烈嶼有一個保障宮，它的「連環畫式」壁畫全都是黑白的，出自林天助匠師之手。他早期的彩繪作品採直接於灰壁上以墨筆作畫，應用疊暈技巧與勾勒畫法，以黑線條勾勒輪廓界限，再施墨色，由淺而深。

林天助匠師無師承，創作靈感來自章回小說，表現手法靈活，圖像構圖精緻。施作時以蚵殼灰摻上瓊麻錘鍊，再加上石灰，糊在

金門的廟裡有非常精彩的神話故事磁磚畫，不容錯過。

攝於二〇〇八年

牆壁上，彩繪時直接以黑墨在其上作畫。

「連環畫式」壁畫又稱「女兒圖」，是由村內女兒、女婿共同分擔廟宇的重建經費，再將捐獻者姓名書寫於連環圖上，結合中國傳統民間故事與捐獻者背景的表現手法，保留了當地重要文化，也是非常精美。（資料來源：金門縣文化局網站）

磁磚畫跟壁畫所呈現的歷史與神話故事，是過去廟宇具有的教化功能。我小時候常去廟裡看這些藝術作品，有的是用畫的，也有剪黏，述說著一則又一則的歷史經典與神話傳說。以前最喜歡看的就是家鄉東港朝隆宮，面對廟右邊的一幅八仙過海各顯神通，那是半立體的剪黏。

小辭典 剪黏

又名「剪花」，將裝飾各種剪裁成形的瓷片，黏於灰泥表面，是中國南方特有的嵌鑲藝術，常見於廟宇屋頂及壁堵，剪裁瓷片或碗片黏貼到塑造的形態上，匠師再做細部彩繪修飾。剪黏藝術表現出廟宇五彩繽紛、光彩奪目之輝煌氣度，是廟宇建築藝術中不可或缺的一環。（資料來源：國家文化資產網）

別有風味的金門古宅

金門有很多古建築林立的老宅聚落，例如瓊林、歐厝等地，建築格局都很特別。

有些古建築聚落是很多到南洋發展的金門人在外地做生意賺了錢，返鄉翻修祖厝，起建大宅。建築上可以看到非傳統元素，像是屋子上出現西洋的天使圖像，有的建築上的字不是中文而是英文。

2 | 1

1. 充滿西洋風情，金水國小山頭的天使圖像。
攝於二〇〇八年

2. 瓊林是金門規模最大的古厝聚落，居民以蔡姓為主。
攝於二〇〇八年

建功嶼是大金門與烈嶼之間的一個小島，只有退潮時才可以從延平公園附近海邊沿著一條石板道步行到建功嶼，金門民宿都會提供潮汐表給遊客參考。

建功嶼可遠望廈門，島上有座鄭成功石雕像，二〇二二年十月連接大金門和烈嶼的金門大橋通車後，遠望的畫面多了金門大橋。另一個可以遠望金門大橋全景的絕佳地點，是烈嶼的麒麟山。這幾年建功嶼設立裝置藝術，在通往大金門的石板道兩側矗立著高大的「牡蠣人」，旁邊可以看到有鬣的模型。

建功嶼位於金城鎮的浯江溪口，為一座潮汐小島。在清朝末年時，金門以前醫療體系不發達，染上痲瘋病的人會被遣送到這裡隔離，當地人又稱此為「痲瘋嶼」。島上有一座鄭成功雕像，建於二〇〇九年，雖然都有一個「功」字，但一點關係也沒有。
攝於二〇二三年

1
2

1. 建功嶼退潮時，石板道兩側高大的「牡蠣人」裝置藝術。
攝於二〇二二年

2. 從烈嶼麒麟山遠眺二〇二二年剛通車的金門大橋。這是國內最長的跨海大橋，全長五．四公里，其中跨海橋長四．八公里，建成後烈嶼（小金門）與金門本島（大金門）連為一體，獨特的「高粱穗心」造型設計是其特點。
攝於二〇二二年

歐厝海邊有一個廢棄戰車，在退潮時才會顯露出來，這輛廢棄戰車，見證了過去兩岸的軍事對峙。

建議可以騎摩托車到接近海邊的空地停放，再步行前往，約廿分鐘到半小時可抵，開車的話，停車場距海邊有點距離，要走比較久。

金廈的連結

金門很多廢棄的碉堡據點就叫 LXX，L 是舊有碉堡編號。我從 L18 據點遠眺拍攝烈嶼西北方的獅嶼，背景正好是廈門。

位於烈嶼與廈門間的獅嶼雖然很小，至今仍有駐軍。L18 據點距離獅嶼約一公里，這個角度拍攝剛好可以清楚看到獅嶼，背景則是距離烈嶼四公里、摩天高樓林立的廈門。透過相機大砲（長鏡頭）的壓縮，畫面看起來很魔幻，把金門和廈門距離很近的真實感呈現出來。

金廈連結很深，小三通對他們很重要，很多金門人透過小三通過去廈門，對金門人來講就是一日雙門，比去台灣容易多了，如同自古以來兩邊的密切往來。

曾有一段時期小三通中斷，對很多金門人來講非常不方便。在地朋友說，以前國共對峙有所謂「單打雙不打」（單日砲火互相射擊，雙日停火），兩岸炮火交鋒。現在不打仗，過年拚場放煙火，用煙火比賽誰比較有錢，從軍事戰爭變成商戰！

攝影經驗談

強制性補光

不同於一般拍攝用現場光線，拍出來的是一台黑色戰車畫面，這次我拍攝廢棄戰車時用了一個較特別的方式——「強制性補光」，以一支六百瓦的閃燈輔助，打了很強的光，把戰車上的細節拍得很清楚。讓長期泡在海水裡、戰車上的鏽紋都清楚呈現，在傍晚太陽剛下山時天空會呈現出一種寶藍色，這樣的氛圍很魔幻。

2 | 1

1. 歐厝海灘退潮限定版廢棄戰車，是美國生產的M18「地獄貓」式驅逐戰車，一九九〇年代原為戰車射擊訓練之標靶，後因訓場裁撤，戰車便遺留在此處，退潮時，從停車場走到這裡，約莫廿分鐘。
攝於二〇二二年

2. 小金門沿岸有許多廢棄的軍事碉堡，多以 LXX 命名，也有被改成漆彈場使用的據點。
攝於二〇二二年

長知識　金門的鱟

金門有一種特有生物：「鱟」（音ㄏㄡˋ），這種四億年前就存在的鱟，有「灘地上的活化石」之稱。台灣目前只剩西部沿岸和澎湖可見到少量鱟的蹤跡，金門是族群數量較多、仍保有較大片鱟棲地的地方。老一輩金門人都有關於鱟的記憶，鱟成為金門傳統生活與文化的一部分。

1 | 2

1. 昔日用來做防禦工事的軌條砦，又稱鬼條柴或鬼條材，是過去預防共軍來擾的防禦武器，在小金門雙口沙灘特別密集。用黑白全景拍攝，彷彿成為一種另類的裝置藝術。
攝於二〇二二年

2. 裝置藝術的假鱟，佇立在岸邊，遠眺著可望而不可及的建功嶼。
攝於二〇二三年

獅嶼本名為鼠嶼，位於小金門島與廈門島之間的海域。該島位於烈嶼西北方約一公里，面積僅兩百坪，離廈門約四公里，目前仍有我國駐軍。從 L18 據點用望遠鏡頭看獅嶼，背景是廈門的高樓大廈，構成一幅無法言喻的奇妙景象。
攝於二〇二二年

3	1
4	2
5	

1. 金門金城官裡風獅爺。
攝於二〇二三年

2. 金門金寧昔果山風獅爺。
攝於二〇二三年

3. 金門后湖風獅爺（跑道端）。
攝於二〇二三年

4. 金門陽翟風獅爺。
攝於二〇二三年

5. 金門瓊林蔡氏宗祠鑲壁風獅爺。
攝於二〇二三年

金門中蘭風獅爺。
攝於二〇二三年

橋仔村內三座臨近的廟宇（玄天上帝廟、玄壇公廟、靈台公廟）合稱「三合殿」，誇張彎曲的「封火山牆」，是閩東派建築一大特色。攝於二〇一九年

夭 · 南竿

馬祖之二

擺暝坂里十三暝、擺暝橋仔食福、擺暝遶境：芹壁

擺暝坂里十三暝

馬祖包括南竿、北竿、東引、東莒、西莒五個主要島嶼，曾在一九四八年十二月至一九九二年實施戒嚴。

「擺暝」（bā̤-màng ·；注音ㄅㄝˇㄇㄤˋ）是福州話，「擺」是陳列、擺放，「暝」即夜晚，就是在晚上擺設供品祭神的儀式。「擺暝」傳承福建閩東區域（福州、長樂、連江），村境廟社祭祀神明的傳統習俗，廟社在正月挑一日整夜祭神之意！整場元宵擺暝祭祀儀式中，貫穿全場的主角非「燈」莫屬，以「燈」祈求添「丁」。

正月十五即上元節，《三山志》記載：「上元燃燈弛門禁自唐先天始……」從此文獻可知，福州元宵燈會始於唐先天年間（西元七一二～七一三年），距今有一千三百年歷史。

坂里民家的擺筵、擺燭，令人眼花撩亂、目不暇給。
攝於二〇一九年

之二・馬祖

行政區—屬福建省連江縣，設有南竿鄉、北竿鄉、東引鄉、莒光鄉。

人口—一萬四千零六人（至二〇二四年三月）

面積—廿九點五四平方公里

《閩都記》亦記載：「沿門懸燈，通宵遊賞，謂之燈市。」可見閩東區域對元宵擺暝之悠久歷史。

北竿各村境廟社元宵擺暝，都在正月十五元宵節當日舉行，早年坂里也是在正月十五，但因中澳境白馬尊王廟是坂里與白沙兩村共同崇拜的廟社，每年擺暝兩村都要請白馬尊王的正香爐到各自廟社擺暝，兩村村民為請香爐而產生糾紛，坂里後來決議改期，白沙境平水尊王廟維持原來正月十五，坂里則提前為正月十三舉辦，才有了「坂里十三暝」。

全馬祖最完整的擺暝

「坂里十三暝」的擺暝活動算是馬祖四鄉五島保有最完整的，十三暝整日有早上的擺筵、擺燭，下午的神乩拜年，傍晚的請香迎神、遶境燒馬糧，還有深夜的送喜添花、辦喜酒，以及半夜平安夜與唱唸請神簿等儀

長知識　龍角峰祈夢

有百年歷史的芹壁半山龍角峰「祈夢」，是北竿眾多廟宇文化中與眾不同的特殊儀式。福州石竹山主事祈夢的神祇——何氏九仙君會飛渡到芹壁的伍位靈公廟，以賜夢方式為信眾指點迷津。

式。活動從白天的暖身到晚上，進入人神共樂狀態，那幾天可說是馬祖夜未眠。

祭儀大都在夜間舉行，白馬尊王出巡、燒馬糧、食福都是在晚上。白天則是去廟裡祈福，最後一天晚上龍角峰「祈夢」做結尾。「擺暝」過程精彩之處就是在晚上進行，我非常著迷於那種畫面呈現出來的視覺：魔幻時刻，很夢幻。

2 | 1

1. 坂里「坂里大宅」，是白馬尊王的擺暝「行宮」，牆上掛滿百子千孫風燈。
攝於二〇一九年

2. 傍晚時分，請香迎神隊伍蓄勢待發。
攝於二〇一九年

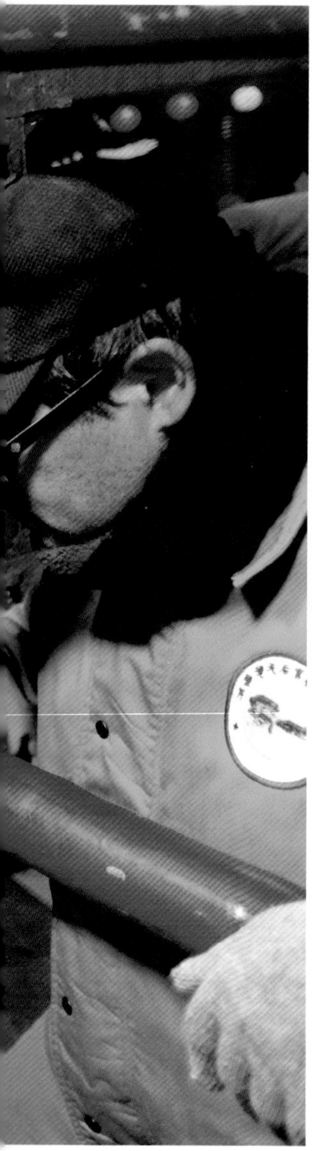

長知識　馬祖冬冷，飛機常停飛

馬祖冬天風很大，比台灣的寒流更刺激。一天內，天氣的變化從出太陽到下雨，出門不可能不淋雨，一定要帶雨具。我全身穿了GORE TEX防風衣、防水鞋，還是冷到不行。平常不太喝酒的我，在馬祖卻破例，每天都要灌一兩口高粱才能入睡。

跑旅遊的人常開玩笑說：「買馬祖送關島」（買馬祖機票，回程飛不了，被關在島上），如果預計五號回台灣，不保證一定能回來，之後的六、七、八號最好不要排事情，班機常因天候取消。坐船太可怕，冬天風浪大。我原訂飛機無法飛，行李拖到門口，等了一整天又拖回去，隔天也沒辦法飛，只好搭船，遇上八級浪一路晃回台灣。船從東引開到馬祖兩小時，馬祖開到基隆六至八小時起跳，真正抵達時間要看風浪大小而定。原本預計搭六百人的船載了八百人，大家急著離開就硬上。這是馬祖人的生活常態，他們已經習慣了，冬天則特別嚴重。

其他離島金門、澎湖也會停飛，馬祖則屢試不爽，我去兩次都遇到。第二次原訂機票回台北，不能飛只好改飛台中，再搭高鐵回台北。

第一次沒經驗，不知將要搭十二小時的船回基隆，一上船我很無知地吃了泡麵、肉粽，坐船頭晃得一塌糊塗。沒買到臥艙只能坐椅子上，原本不會暈船的，一離開椅背就不舒服，天旋地轉。本來還下載了影片準備看影片殺時間，結果根本就很想死，睜開眼就暈，不要想還能幹嘛，搭船時就是睡覺。回程經驗，讓我真切體會了馬祖在地理、氣候上的特殊。

扛乩文化據說源於馬祖北竿玉封蕭王府，扛乩儀式由信徒請神降至輦轎，向神明詢問事宜求解答。儀式由「桌頭」負責對神輿在供桌寫的字與畫圖加以解讀；「乩將」（或稱轎腳）則負責抬神輿，並輔助示意。
攝於二〇一九年

CASUAL
CALIFORNIA

擺暝活動期間，我在坂里大宅附近的民宅看到擺得滿滿的供品，不只是廟宇，一般民宅內，都擺滿了驚人的豐盛場面，感受到在地人對擺暝的重視和熱烈參與。

遶境從坂里大宅出發，這裡不是白馬尊王真正的廟，只是臨時行宮，當地人把信仰的神祇尊稱寫在民宅上面。

傍晚開始，輦轎陸續出現在大宅，輦轎撞擊案頭，神明降旨。四周鞭炮炸完，煙霧瀰漫，這種人、神、鬼三界分不清楚，我喜歡這種混沌一片的氛圍。擺暝時所有神明、宮廟輦轎全都出動，早年聽說還有阿兵哥會加入，跟民眾一起，晚上拿著火把，戰地時期島上一大半都是軍人，軍民一起參與。

遶境時看到的白馬尊王神像很大尊，在台灣看到的大士爺差不多兩、三米。馬來西亞的大士爺隨便一尊都高達兩層樓，福建這邊神像大是常態。

神像雕刻對台灣來講，福州是朝聖之地。早年巨商富人從福州拎個神像頭回來，是當時的 Fashion。商賈賺了錢，搭船去福州買一個福州師傅雕的神像頭帶回來，以前沒託運就用花布包著帶回來。神像的衣服、架子在台灣製作，但是神像頭較重要，要有高超的雕刻技巧。

昔日曾有商賈拎著福州買回來的神像頭去霞海城隍廟，拜完就走沒多說什麼，留下一個包袱，裡面便是七爺的頭。現在霞海城隍廟有個號稱百年的那尊七爺的頭，傳說就是這樣來的，也不知是真是假。

請香迎神隊伍與觀看的民眾零距離。

攝於二〇一九年

入夜時分在「坂里大宅」前的輦轎，在漫漫煙霧、炮火煙硝中疾速旋轉，神祕感氛圍十足。
攝於二〇一九年

追蹤

以攝影技巧來講，如果拍攝物件在移動，可以用追蹤技巧，這是拍車子時的常用方式。因為物件在動，快門的速度必須很快才能凍結（畫面），速度太慢就會形成殘影。追蹤拍攝的邏輯是，鏡頭跟著主體等速移動，設置簾後閃燈，主體會被閃燈定住，前面殘影也會留下軌跡，兩個都存在。我用這種方式來拍民俗。畫面中人物的臉部細節會被清晰凍結，也會有拖動的殘影留在主體身上及周圍，加上現場的火花和煙霧，去捕捉廟會進行時的神祕氛圍。

神轎大幅擺動，撞擊案頭降神旨

顯示神威的神轎擺動幅度很大，拍攝時，它甩動的速度高於拍攝速度，透過攝影技巧在這樣的場合捕捉影像，讓它可以清楚，畫面中也看得出旗子還在晃。就像神轎出巡，要往哪裡或左右擺動，都是靠神的旨意，不是人們能操控，要有人來解讀神轎撞擊案頭旨意是什麼。

在台灣我也看過王爺來了，鸞生接駕講天語，但不像它們那麼頻繁。神轎進來就撞擊案頭，突然磕磕磕敲將起來是家常便飯。然後降旨，大動作完畢之後，桌頭會說出一串文言文，告知現在神明指示了什麼。

馬祖這邊每個人都好愛跟神明聊天，或許在這邊生活條件清苦，地理環境偏遠，生活在這裡完全是靠天吃飯，進而產生這些人神契合的儀式。

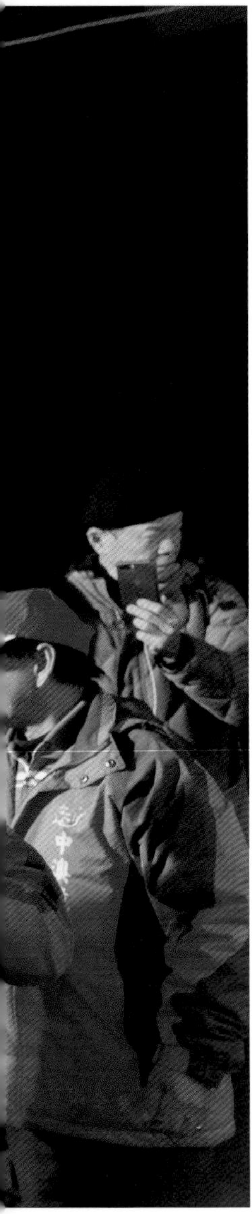

白馬尊王神座。
攝於二〇一九年

在馬祖，人跟人的關係也很緊密，就像唇齒相依。有一天，所有人都在忙，但我們要再多跑幾個點，所以想商借一台車，方便自己行動跑採訪。結果那三天，我們拿到了三台不同的車。

對馬祖人來講，資源有限，彼此東西互相借用，彷彿公器。如果不互相幫忙，大家都不方便，資源匱乏的環境，確實過得不容易，人與人、人與神的相互關係也就更加緊扣密合。

小辭典　鸞生

道教廟宇神職人員，負責傳達神明旨意，神明附身時稱「扶乩」。

小辭典　桌頭

在神桌旁解說神明旨意的翻譯官，人神間的通譯。桌頭不是乩童。台語俗諺：「一個童乩，一個桌頭」，比喻兩人一搭一唱。

「燒馬糧」儀式，據說是傳承長樂市鶴上鎮旒峰白眉村「白石境射鱔尊王」祖廟之焚燒馬草傳統。所有輦轎圍著燃燒的馬糧堆（內有馬草、五穀糧秣、元寶），不斷遶行祈福。
攝於二〇一九年

最後高潮：燒馬糧，送喜添花

白馬尊王本尊我覺得長得很像鄭成功。台南有很多鄭成功史蹟，例如延平郡王祠。以前聽過，清治時期不能講鄭成功，因為他是明朝遺民，拜鄭府千歲可能會引起官方關切。台語裡鄭府跟池府音接近，所以百姓用轉換方式，改拜池府王爺來追念鄭成功。

眾多王爺廟裡，拜池府千歲的很多，不管三府王爺或五府王爺，裡面一定會有池府王爺。這種轉移的隱喻，萬一被關切，就說是在拜池王爺。類似這種邏輯，讓我很好奇，馬祖長得很像鄭成功的白馬尊王，是不是也有相關的意義存在。

遶境回來，一般廟會裡只有燒金紙，這裡則有「燒馬糧」習俗，圍著磚圈燃燒著糧草、金紙，還會撒米，這是坂里十三暝活動的最後高潮。相傳燒馬糧是為了燒馬草給代天巡狩白馬尊王的坐騎。

壓軸還有一個當地特別的習俗——「送喜添花」，辦喜事的新婚者可以先向廟方申請，當擺暝活動結束時，陣頭前往辦喜事者家中送燈，表達賀喜祝福，為擺暝活動劃下句點。

1
2

1. 「送喜添花」也是坂里十三暝壓軸的特別儀式。簡單地說，就是送「百子千孫」風燈，到有喜事的人家去添增喜氣、添熱鬧。
攝於二〇一九年

2. 「添花」小插曲：沒拍過這項習俗，我是第一個衝進新房的攝影，乍見略為「成熟」的「新娘」端坐床旁，心中 OS：「馬祖人是否比較晚婚？」突然「新娘」開口道：「新娘是我女兒啦，她是空姐，今天有班要飛，所以我來代替一下啦……」。
攝於二〇一九年

媽祖娘娘

擺暝橋仔食福

橋仔聚落位於北竿島西北角，是馬祖的傳統聚落。橋仔的「仔」在福州話是小的意思，雖然聚落小、少有遊客，卻蘊含許多有趣的故事與傳說。

村落內現在僅有七戶人家、不到一百位居民，卻有八間廟一百八十八尊神像。橋仔的神像大多都是村民撿回來供奉的，因此有了神比人多的「神仙村」之稱。

神比人多的神明村

橋仔的擺暝活動，在十四日白天開始拜訪很多廟。馬祖的廟建築和在台灣看到的截然不同，不論構造、裝飾都不太一樣。每個廟的功能也都不太一樣，各有其手輦（手轎）。在女帥宮扛鑾轎的就是女生，民眾來到女帥宮祈求子嗣，會看到代表多子嗣的紅蛋，廟裡還有送子的神明。牆上有古樸畫風的童子，我喜歡這種老畫師的畫風，早年廟宇蠻常見的，現在已經很少了。

1
2

1. 馬祖橋仔女帥宮三仙姑，據說是玄壇元帥趙公明的三位妹妹，亦因護幼功德，被許多民眾拜為姑媽，庇佑孩童。
攝於二〇一九年

2. 橋仔村境內廟超多，是個號稱神明比人多的樸實小村莊。正月十四晚宴「食福」前，可以先到女帥宮求子嗣。此為象徵生生不息的「太平蛋」。
攝於二〇一九年

年年有餘

有三百年歷史的玄天上帝廟是橋仔歷史最久的廟宇，這裡有阿伯解籤詩，旁邊還有山西靈台公廟、玄壇公廟。橋仔廟多，這三間廟都在橋仔街上，稱三合殿。

到山西靈台公廟祈求補運時，腳上踩著八卦陣。以七輪概念，在頂輪的額頭點朱砂、在胸口手繪畫上八卦。台灣比較少見這種改運方式，台灣廟裡的改運是祭改，拿廟的大印壓在衣服或胸口上，這邊則是直接畫在身上，第一次看到這種畫的方式。八卦畫在胸前，增強前八卦防禦，幫你加值。

比較有趣的是，橋仔廟裡面的龍柱跟台灣的龍柱長得也不太一樣。

廟頂外觀有六個不同顏色的浮圖，顏色蠻神奇，照理講中間應該是黃土色，左青龍、右白虎，顏色配置很值得探究。台灣常見馬背式屋頂，這邊則是凹進去，建法與建築元素跟台灣常見的都不太一樣。

復古饒富童趣的壁畫。
攝於二〇一九年

橋仔十四暝高潮：食福宴

一九七九年遷移改建的「五福天仙府」廟宇，供奉五福大帝，又稱五靈公，是掌管瘟疫的瘟神，後被奉為民間的驅疫神明，也被福州人奉為鄉土守護神。民間古早傳說的瘟神信仰，源自古代五位秀才書生，因為看見城中水井遭人下毒，為阻止百姓飲用而投井自殺，捨身救眾生。這些後來被尊為王爺的書生，當時死於井水中毒，神格化之後，臉都是黑的紫的，神尊呈現猙獰面貌。

元月十四結束白天的拜廟活動，晚上的「食福宴」是北竿擺暝祭橋仔十四暝的重要高潮，橋仔當地人都聚在一起參與盛宴。「食福」的傳統會在廟前廣場或餐廳舉辦，大家一起吃飯，非常熱鬧。

2 | 1

1. 原名「清頭溪五靈公廟」，重建時改名為「五福天仙府」，據考肇建於清朝道光年間，五靈公分別為：張元伯（顯靈公）、鍾士秀（應靈公）、劉元達（宣靈公）、史文業（揚靈公）、趙光明（振靈公），屬於書生投井、為民免除瘟疫傳說系統。
攝於二〇一九年

2. 橋仔境探花府田元帥。田都元帥原為梨園弟子供奉的戲神，後演化成保境護童的神明。
攝於二〇一九年

TAOYUAN MATSU
玄天宮
Taoyuan

3 | 1
4 | 2

1. 橋仔十四暝的食福宴。
攝於二〇一九年

2. 馬祖的民眾超愛跟神明開港（聊天），隨時都遇得見。
攝於二〇一九年

3.4. 北竿橋仔境山西靈台公廟，在胸口畫八卦補運。
攝於二〇一九年

擺暝遶境：芹壁、后沃、南竿

北竿的芹壁是一個很特別的地方！提到馬祖，芹壁被認為是必訪之處。

芹壁聚落保存了馬祖最完整、最具代表性的閩東聚落。四落水式紅色屋瓦和厚樸花崗石組成的閩東家屋，建築依陡峭山勢而建，背山面海，易守難攻。最高處有著北竿十四號海盜屋的傳說，也算是一段鄉野傳奇。馬祖不是每個地方都保有傳統的閩東建築，很多地方已是現代建築，只有芹壁保留了這些頗有異國風格的老屋。

芹壁守護神：鐵甲元帥青蛙神

十五日一早的遶境，北竿鄉各廟宇神轎及鑼鼓旗幟隊齊聚，綿延百公尺長的隊伍相互至各宮廟會香拜年，白天從北竿后沃出發，晚上到南竿。

遶境沿途經過芹壁天后宮，依山而建的天后宮視野遼闊，可以遠眺龜島。天后宮除了主祀媽祖，陪祀的還有鐵甲元帥青蛙神。傳說清末民初時盜匪猖獗，蛙神施法點蛙成兵，護衛村民免於海盜打劫，創下神蹟成為芹壁守護神。天后宮前的蛙神石像，見證了這項芹壁獨有的信仰。

1/2

1. 從橋仔沿環島北路遠眺芹壁村，這是馬祖傳統閩東建築保留最完整之處，天后宮媽祖跟鐵甲將軍（青蛙神）守護。
攝於二〇一九年

2. 芹壁村的守護者：鐵甲將軍（青蛙神）。
攝於二〇一九年

從芹壁天后宮遠眺龜島。
攝於二〇一九年

衆昇平
天后宮
安四海
金玉滿堂

當地人對擺暝的熱情參與，供桌擺滿供品，呈獻一整頭的豬。輦轎經過之處，居民持香虔誠禮拜神明。遶境隊伍裡還有許多穿著古裝參與的民眾，以及一艘王船。

遶境隊伍接著來到北竿機場旁、塘歧的水部尚書公府（尚書公廟）。尚書公廟香火源自福州，是閩江流域的信仰。

繼續往北竿東北角的后沃，遶境隊伍穿過機場底下的地下道，拍攝遶境隊伍通過時，我用攝影追蹤手法捕捉隊伍裡七爺、八爺的移動，畫面很像通往幽冥界的入口，彷彿將進入另外一個異次元空間。

獨特的輦轎相會場景

最後到后沃守護神楊公八使宮。老一輩村民提起楊公八使法師，無不嘖嘖稱讚，因為八使一直護佑后沃漁民出海豐收與安全，楊公八使宮成為后沃的信仰中心。

在台灣看到神明輦轎相會，只是面對面打完招呼後就各走各的，這裡的神明輦轎相會後，會貼在一起開始旋轉，彷彿是比較熱絡的打招呼。我還曾看到四個輦轎這樣一直轉個不停！扛乩是北竿非常特別的宗教文化，蠻有趣的。

1 | 2

1. 芹壁天后宮主祀神為天上聖母媽祖，陪祀有臨水三夫人、威武將軍、通天府顯靈官馬元帥、威武陳將軍、鐵甲元帥、七爺八爺等，是芹壁村人的信仰中心。
攝於二〇一九年

2. 芹壁天后宮正立面牌樓上端如階梯般層疊向屋頂收攏，是馬祖人稱的「層層上」的美好寓意。中間立著一方寶藍色邊框的鮮紅色廟額「天后宮」。燕脊下方與垂脊連接處的平面，各有一個展開的卷軸上寫著「安四海」、「樂昇平」。
攝於二〇一九年

3 | 1
4 | 2

1. 北竿塘岐境玉封蕭王府廟前的「扛乩」會香，透過神轎相偎搖擺旋轉，在遶境過程中形成馬祖獨特的人神共舞。
攝於二〇一九年

2. 農曆正月十五日的塘岐村十五暝。北竿鄉各廟宇的神轎及鑼鼓旗幟隊，將齊聚塘岐村遶境，綿延百公尺長的隊伍相互至各宮廟會香拜年。
攝於二〇一九年

3. 出巡遶境，民眾家家戶戶設香案，迎神時行禮如儀。
攝於二〇一九年

4. 擺暝時，廟裡豐盛的祭禮三牲。
攝於二〇一九年

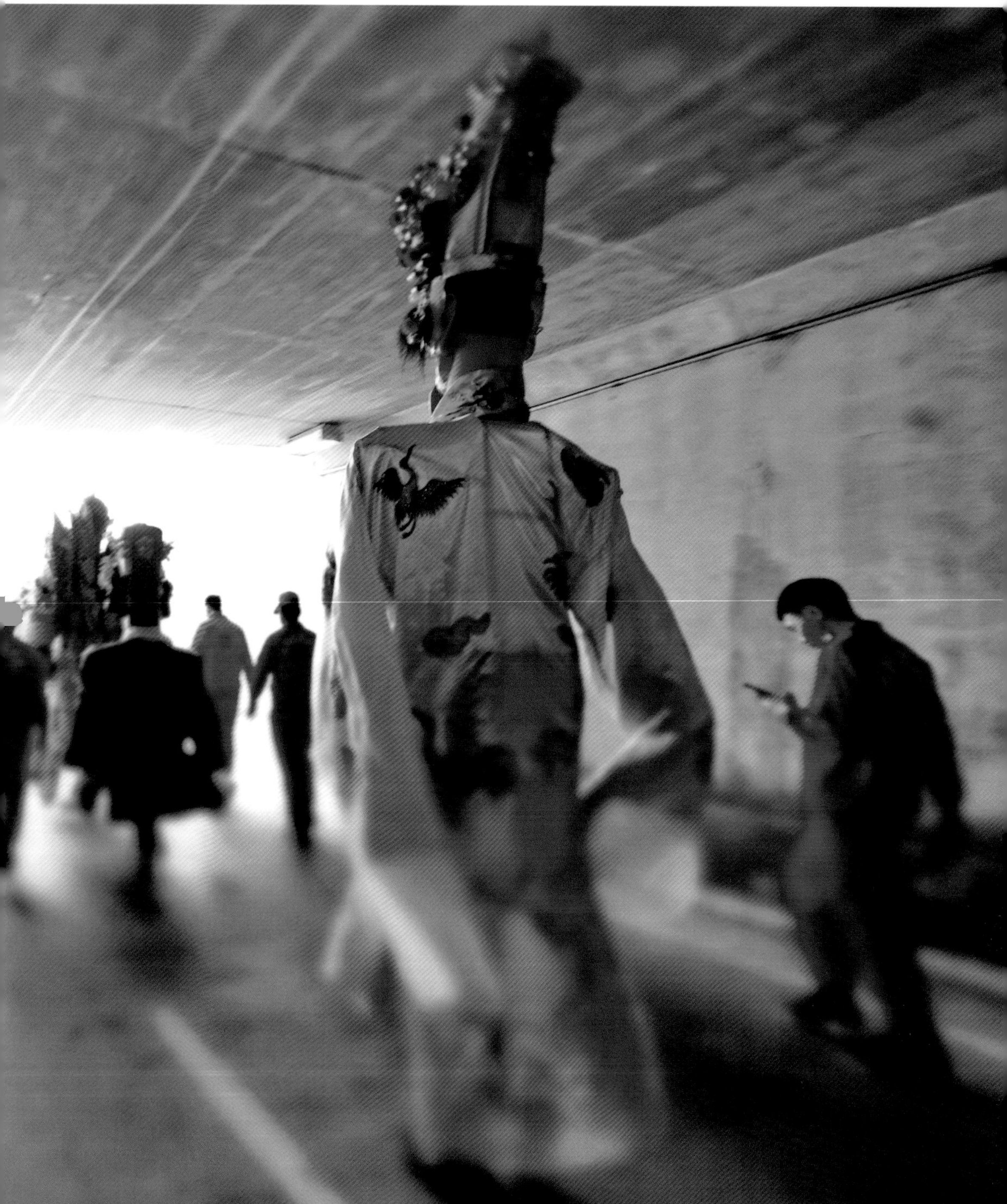

塘岐的玉封蕭王府是北竿扛乩文化源頭，約在光緒年間傳入。扛乩儀式請神降至輦轎，向祂詢問事宜求解。桌頭負責解讀神輿在供桌上所寫字畫圖，「乩將」（或稱轎腳）負責抬神輿。

扛乩被認為十分靈驗，漸被北竿各廟宇傳習，成為廟會共通主軸，每年元宵擺暝會香，各境廟神轎靈動相聚盤旋，成為獨特的神際交流與扛乩文化。扛乩文化對馬祖不只是單純宗教信仰，也是新陳代謝的社會機制，聯繫各村關係的社會網絡。（資料來源：國家文化記憶庫）

長知識 北竿扛乩文化的誕生

馬祖資源匱乏、孤懸海隅邊陲，民眾生老病死及生活疑難，無不需祈問神明，祭祀迎神、扛乩問事，便成為重要的常民文化。早年由神靈附身的「神媒」替村民處理超自然事務，神媒年紀漸長、凋零，神祇示意從附身轉以輦轎為媒介，於是有了「扛乩」文化。

跟著范、謝將軍前往塘后路上，穿越機場地下通道，彷彿穿越陰陽界一般刺激。
攝於二〇一九年

穿著盛裝、戴著春仔花的婆婆，誠心喜悅迎接遶境神明隊伍。
攝於二〇一九年

1
2

1. 遊行遶境隊伍準備到楊公八使宮大會師。
攝於二〇一九年

2. 馬祖神明大會師，齊往楊公八使宮前進。
攝於二〇一九年

馬祖神明大會師，齊往楊公八使宮前進。
攝於二〇一九年

晚上遶境隊伍來到南竿。南竿的馬祖天后宮是當地最大廟宇，又稱馬港天后宮、南竿媽祖廟，是馬祖重要的信仰中心。在地居民傳說，媽祖在南竿的澳口羽化昇天，天后宮中供桌前方石棺，相傳是媽祖娘娘聖體奉安處所。

遶境時請出正殿媽祖，出巡時，除了七爺八爺，伴隨的還有馬祖特有的鼓板樂隊，前有座前騎「馬奴」神偶開道，彈躍空中划步，十分獨特！

1. 「扛乩」會香，神遶之無限轉⋯⋯
攝於二〇一九年

2. 「扛乩」會香，神明也愛在一起聊天。
攝於二〇一九年

3. 水部尚書公府「送狀元船」，遶行至楊公八使宮。
攝於二〇一九年

水部尚書公府
白馬尊王

水部尚書公府
水部尚書公府

2 | 1

1. 馬祖境天后宮，又稱馬港天后宮、南竿媽祖廟。在地居民傳說媽祖在南竿的澳口羽化昇天。
攝於二〇一九年

2. 請出媽祖金身，準備登轎遶境。
攝於二〇一九年

3 | 1
4 | 2

1. 媽祖正式出巡時，伴隨馬祖特有的鼓板樂隊，前有座前騎「馬奴」神偶開道，祂不時會彈躍在空中划步，步法十分獨特！
攝於二〇一九年

2. 媽祖鑾轎出巡。
攝於二〇一九年

3. 進擊中開道的「保長公」神偶，雙腳踩著醉步，一邊喝酒，另一手則以青枝掃道。
攝於二〇一九年

4. 愛跟小朋友互動的「馬奴」。
攝於二〇一九年

北竿塘后道沙灘。
攝於二〇一九年

小琉球之三

王船行經白沙尾漁港，同色系的王船與建築，倒映成趣。
攝於二〇二一年

遶港脚、迎王請水、遶境、送王

遶港脚

屏東琉球嶼俗稱小琉球。小琉球迎王平安祭典固定每三年舉行一次，謂之三年一科。逢「丑、辰、未、戌」為大科年（正科年），意即生肖屬牛、龍、羊、狗的年度舉辦。

迎王日期需請示神明後才會公布，往例約於國曆十月間舉行，今年（二〇二四年）是國曆九月三日至九月九日。通常小琉球迎王會在東港之後、南州之前，不過也有例外，像上一科二〇二一年原本擲筊是在九月，因疫情延到十二月才舉辦，是一特例。

一九八五年獨立迎王祭首科

「遶港腳」是在「請水」當日早上，由漁船載著神明、神轎，分別從大福漁港或白沙尾漁港出發，順時鐘遶島一圈，清淨整個海域，恭候大千歲及眾千歲們登島。我開始記錄小琉球是在二〇〇九年，那時候我並沒有從頭拍到尾，只拍到送王，二〇一八年拍到了請水，直到二〇二一年，才比較完整拍攝了遶港腳、請水、遶境到送王。

之三・小琉球

行政區—屬屏東縣琉球鄉，分八個村，現已劃入大鵬灣國家風景區。

人口—一萬二千二百七十三人（至二〇二四年二月）

面積—六點八〇二平方公里

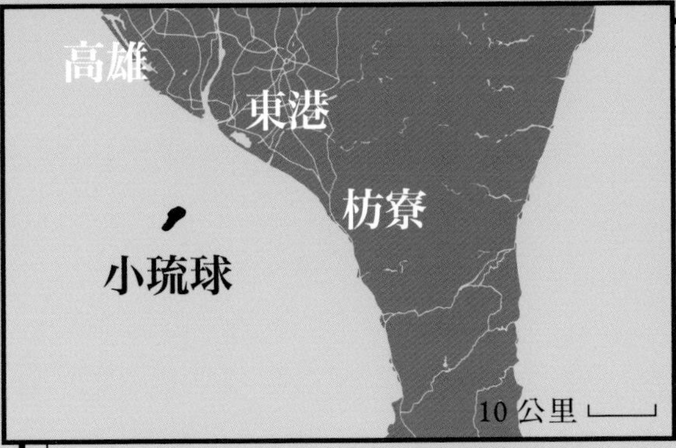

1. 靈山寺
2. 幸山寺
3. 水仙宮
4. 白沙尾漁港
5. 中澳沙灘
6. 三隆宮
7. 南山巖王母宮金都府
8. 碧雲寺觀音佛祖
9. 大福漁港

名稱：琉球嶼俗稱小琉球。

2 | 1

1. 水仙宮位於白沙港旁，主祀水官聖帝（水仙尊王），陪祀海防聖帝，此為水官聖帝出巡之王船。
   攝於二〇二一年

2. 「遂港腳」時，漁港仍有客船進出，需由人力指揮調度，以策船舶安全。
   攝於二〇二一年

小琉球迎王祭屬於「東港溪流域系統」，早年合併於東港東隆宮舉辦的迎王平安祭，到一九五二年小琉球自行舉辦，當時僅有遶境，尚無送王船儀式。至一九八五年乙丑科才有送王船，被視為小琉球獨立舉辦迎王祭的首科。

主辦小琉球迎王祭的是三隆宮。小琉球的島主其實是創立於一七三六年、近三百年歷史碧雲寺的觀音佛祖，因此觀音佛祖聖誕的廟會也熱鬧非凡。

小琉球迎王祭有兩個亮點，一個是三隆宮三年一次的王船，另外碧雲寺會出兩個轎子，其中有一台粉紅超跑。

小琉球在整個迎王系統大致是請水、遶境、送王，特別的之處在於小琉球是離島，「逡港腳」儀式成為一大特色，有別於其他地方的迎王祭。

四十三艘遶島，場面盛大壯觀

小琉球請水通常是過午舉行，那一天早上所有漁船都已經停泊在白沙尾漁港，是前一天就回來了。有些神轎則在前一晚就先登船，為請水前的逡港腳做準備。

這次拍到的，二〇二一年參與逡港腳登記的漁船有四十三艘，上面會有神轎，以及類似水仙宮這樣的神船，場面盛大壯觀。逡港腳遶島儀式是為島上住民以及出海漁船祈福，也有淨島的意涵。

白沙尾漁港的港口有從東港開來交通客船出入，還有參與迎王祭逡港腳的眾多漁船要出去遶島一周，碼頭非常熱鬧忙碌。那天會有人在碼頭拿著綠、紅雙旗指揮船的進出，進行交通管制。指揮的人站在碼頭，距離進出的船有段距離，必須用牌子、旗幟才容易看見。

1｜2

1. 神轎上船前，燃放鞭炮，迎賓敬神。
攝於二〇二一年

2. 神轎登船，出巡淨海。
攝於二〇二一年

BK7408
YI SHUNN
CT3-5408

BK-8207

漁船出港時，會看到炫麗的煙火，令人驚艷。一般煙火在白天施放其實看不清楚，他們出港時施放的是適合白天觀看的彩色煙火。不只是大船施放，為了拼場表達對迎王祭的重視，出港小船也會施放，為遶港腳活動開啟令人目眩的精彩繽紛畫面！

攝影經驗談

掌握能綜覽全局的地點

觀賞的最佳地點，我建議站在碼頭上兩個紅綠小燈塔旁，綜覽全局，視野最為清楚。小琉球最大的著名景點花瓶嶼，是當地的重要地標。此處是從陸上觀看遶港腳盛大場面的絕佳地點。

2 | 1

1. 二〇二一年遶港腳共有四十三艘漁船參與，進、出港及行進間，會施放彩色煙火，極為壯觀。
攝於二〇二一年

2. 船隊經過因海岸珊瑚礁被地殼隆起作用所抬升而成的著名地標「花瓶嶼」。
攝於二〇二一年

參與、觀賞遶港腳有兩種選擇，一種是登船與神同行，在船上遶島，以神的視野從海上看小琉球。可是登船之後，只能看到船頭、船尾或船翼，沒辦法看到整個壯觀的遶島船隊。

如果要拍攝海上的船隊，只能選擇在陸地上騎機車環島，遠遠觀看遶港腳的船隊。在島上某些制高點，像是臨海的宮廟、涼亭，或一些特殊的地標，在那裡等待，就可以看到船隊在海上經過的畫面。

長知識　迎王祭期間禁水上活動

依照慣例，小琉球在三年一次的迎王祭期間，全島禁止水上及水下活動，以表示對王爺的尊敬。任何相關的水上活動如：浮潛、深潛及潮間帶活動皆暫停。

百看不膩的海上煙火，是「遶港腳」才有的特仕版。
攝於二〇二一年

迎王請水

小琉球請水地點在中澳沙灘。「逡港腳」結束後，中澳沙灘早已搭建「請王臺」，所有神轎集結於此，進行請王駕，恭迎五位王爺來代天巡狩，揭開迎王首日序幕。

請水時，參與者的服飾顏色跟東港的很類似。全部的人集中到海邊，神轎來來回回，將海上來的大王請上岸。因為小琉球海岸線一直在流失，當地會買土來填。在這幾次拍攝過程中，傍晚會遇到海水漲潮，所以請水通常是在漲潮前進行並完成。

天擔酬天兵神將，擺桌宴饗信徒

到晚上會有LED燈火點亮轎身，神轎閃閃發亮，然後回到三隆宮過五王火。請水過程中會看到很多有趣的畫面，譬如早上有在地民眾挑天擔，裝著食物到請水現場，招待隨王爺而來護駕的天兵享用。神要吃，人也要吃，在請水的海邊也擺有宴席。於是形成有趣場景，給人吃的、有形的擺桌，人們吃得很開心，給天兵神將吃的、無形的天擔宴席，也吃得很開心。

已有近三百年歷史、主祀觀音菩薩的境主「碧雲寺」位於琉球嶼中心，興建於一七三六年，是小琉球人的信仰重心。二大一小神轎：第一頂是佛祖，第二頂是大媽，四駕小神轎是二媽跟土地公。迎王祭典期間觀音媽神轎每天廿四小時不下肩，據說共有四班人員三小時輪替一班。

攝於二〇一八年

請水時分，整個中澳沙灘滿滿等著迎王上岸的神轎與信眾。
攝於二〇二一年

1
2

1. 居民們挑著天擔在沙灘右隅，擺滿犒軍的供品。
攝於二〇二一年

2. 先顧腹肚，再顧佛祖。請水現場請王臺後方，筵席正酣，神人共歡。
攝於二〇二一年

小琉球島主碧雲寺有兩頂轎子，一頂是特別小型、四人扛的鑾轎，完全不遶近路，全憑自由意志在小琉球島上自由移動。有時可能半夜兩點，回去休息之後突然又覺得哪邊該處理，又衝出去，在小琉球本島上宛如有移動神宮，而且有紅色轎頂、粉紅色裝飾，因而被稱為粉紅超跑。

為了應對隨時可能出任務辦事的需要，據資料顯示，光登記有案、可以調度的轎班有高達八百人，讓粉紅超跑在整個祭典期間轎不落地。

2 | 3 | 1

1. 碧雲寺的四駕小神轎，二媽跟土地公座駕。據說沿島辦事全憑神意，沒有固定路線。
攝於二〇二一年

2. 請水現場緊臨海線，又逢漲潮，常見驚險畫面。
攝於二〇一八年

3. 請水時，被大聖爺上身的童乩。
攝於二〇一八年

大千歲駕臨，迎王焰火齊放。
攝於二〇一八年

遶境

請水將王爺請上來之後，接下來有四天的遶境，目的在彰顯代天巡狩，顯揚神威，消除四方的邪祟、疫疾，使各地角頭潔淨，不受外力干擾，具有驅邪、除穢的意義。

五毒陣：小琉球特有陣頭

要看迎王祭的祭典，如果時間許可，應該在請水前一天到達。港口旁的水仙宮我非常推薦。一般看廟的宮格，不在於規模大小，而是看廟前斗數大小。一般三斗就已經算是高的，我竟然在水仙宮發現不只五斗，廟前廣場左右兩支，各有五斗，總共十斗。

廟裡主祀大禹，就是所謂的水仙尊王。這是非常特別的，水仙宮本身就有五毒陣，是小琉球特有陣頭之一。

請水前夕，在水仙宮前操練的「五毒大神陣」。
攝於二〇二一年

1
2

1. 全身正黃是大千歲轎班的專屬色。
攝於二〇二一年

2. 出發遶境前，神轎會向三隆宮三府千歲致意。千歲爺對老人家非常友善，靜靜在後等待參拜女信眾離開，才趨前致意。
攝於二〇二一年

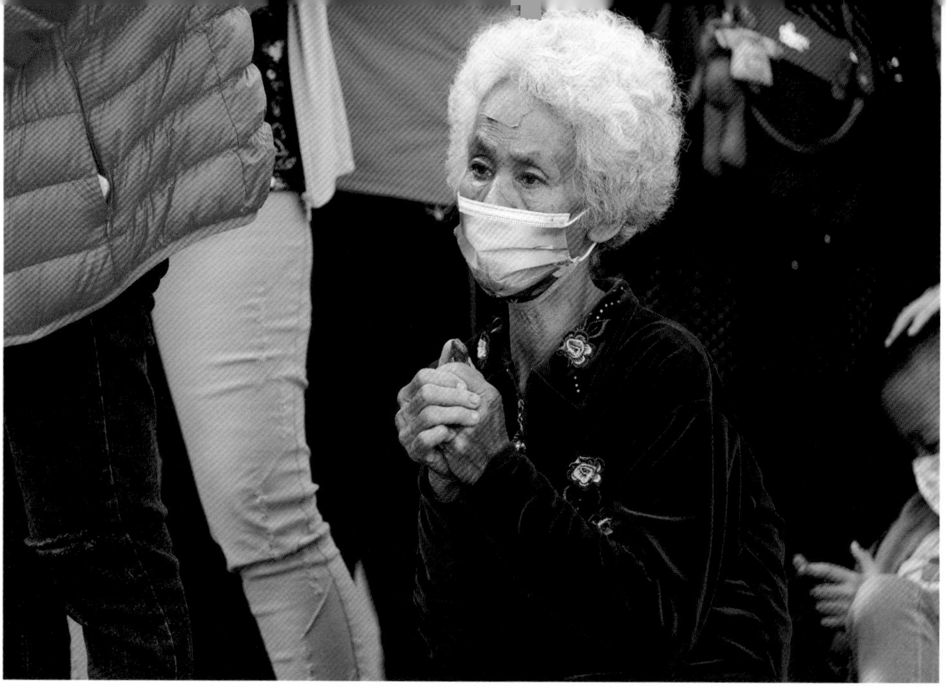

遶境這幾天，我觀察到一個有趣的現象：如果要一口氣過五關（指過五個千歲的五王轎），不用斬六將，一定要在祂們起駕前到三隆宮廣場等待，因為五王轎會一起聚集在這個廣場。遶境完各自回去休息，早上出發前，五王轎排成一列。

我看到一個婆婆實在太神勇了，她一路鑽過排序五、四、三、二、大千歲五王轎，成功解鎖鑽五王轎！

2 1
3

1. 跪拜準備稜轎腳的婆婆，示範了鑽五王轎方式。小琉球稜轎腳非常特別，為體恤長者行動不便，不好跪迎，所有轎班人員會把手舉高，信眾只要略微彎身，就能從轎下通過，得到庇佑。
攝於二〇二一年

2. 五千歲神轎。
攝於二〇二一年

3. 四千歲神轎。
攝於二〇二一年

1 | 2

1. 三千歲神轎。
攝於二〇二一年

2. 二千歲神轎。
攝於二〇二一年

婆婆直奔大千歲神轎。
攝於二〇二一年

抬高神轎，體恤長者不便跪迎

在我的家鄉東港，想要稜轎腳，早年習慣必須先把鞋子脫掉（後來沒那麼講究），整個人匍匐在地，轎子經過之後，會有人拿謝籃去收奉獻給神的紅包袋。

可是對很多老人家來說，要跪下、趴得很低有困難，於是在小琉球就看到特別的抬轎方式：抬轎者把手臂高舉伸直，抬高神轎，老人家不用跪下，稍微彎腰就能稜轎腳，小朋友則可以直接走過去。

這是非常人性、體貼的作法。他們將轎子固定在一個定點，讓民眾稜轎腳，從轎子下面走過去。這是我在小琉球看到的特別景象。不過在五毒陣祭改時，民眾還是必須趴著，因為五毒是人身，沒有像轎子的高度。

研究性別的專家學者如果此時到小琉球，會赫然發現，這裡哪有什麼性別歧視？勞力不足的時候，女生也一樣參與迎王祭的各種工作，抬轎者也可以是女生。神職人員不分男女，全體動員。其他某些地方還是有女性不能靠近王轎的禁忌，在這裡完全沒有。

迎王期間，不分男女老幼，全鄉總動員，各司神職。
攝於二〇二一年

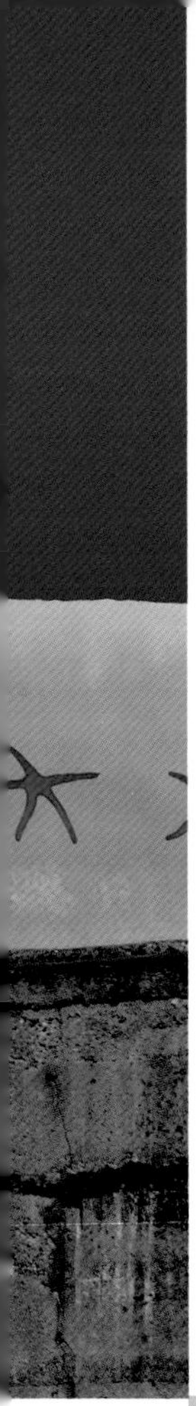

小琉球因為地勢起伏，高高低低，很多廟要爬坡或下坡，使得遶境的困難度大幅提升。身為東港人，看到小琉球王轎遶境要上上下下，不禁覺得：小琉球的轎班好猛！真的是第一勇，體力要非常好。

這裡也像東港有十三太保、五毒，小琉球迎王跟東港有某些程度的相似。

長知識　五毒

指東港特有的「欽點五毒大神陣頭」。五毒大神的由來：相傳五名孩童見鬼怪於水井下毒，擔心大人不相信，於是自投水井示警，死後受玉皇大帝憐憫，特封賜「欽點五毒大神」。由於五毒大神生前為村童，陣頭裝扮成員由六至十一歲兒童擔任。（資料來源：國家文化記憶庫）

2 | 1

1. 緊鄰花瓶嶼的「靈山寺」，主祀觀世音菩薩。後殿採八卦寶塔型式建築，亦有圓頂，頗具異國風情。
攝於二〇二一年

2. 神轎出巡時，每頂神轎前方必定會有一把涼傘。涼傘，古稱華蓋涼傘，繡有神明尊號、廟宇宮號、八仙和龍鳳花鳥等圖案，於傘旁繫上兩條劍帶，下方則綴上流蘇。有一人專門負責拿著涼傘，沿途旋轉不停，顯示此廟神明的尊榮，稱為「走輦」。此圖為涼傘行經白沙尾漁港碼頭，使用長鏡頭壓縮，與河堤彩繪魚類海景融為一體，形成「蒙太奇」般的畫面。
攝於二〇二一年

在小琉球四天的遶境，由於珊瑚礁石灰岩島嶼地勢特殊，忽高忽低，階梯陡坡林立，轎班的體力負荷更為驚人。
攝於二〇二一年

1
2

1.2. 水仙宮五毒大神陣，出陣成員由六至十一歲兒童擔任，已登錄為屏東縣定民俗，是全國第一個登錄無形文化資產的五毒大神陣。
攝於二〇二一年

3
4

3.4. 小琉球幸山寺的「廣澤尊王十三太保」也是非常特別的陣頭，目前只有小琉球幸山寺與東港鎮靈宮各有一團。
攝於二〇一九年

廟會過程中，我個人非常喜歡傍晚的魔幻時刻。東港溪流域迎王的轎子晚上都會發光，我曾有一次神祕的經驗。

在這樣的傍晚時刻，難以預測轎子什麼時候會到，只能賭賭看。那天我等很久，太餓了就跑去吃飯。吃完飯六點半左右，不死心又騎回來，才發現，「天啊，竟然是碧雲宮觀音佛祖的神轎！」昏暗天色裡，金光閃閃的神轎，就在堤防、燈塔旁邊，讓我太驚豔！遠看這夢幻的畫面，完全就是電影場景！

等到王船遶境完畢，就準備迎王祭最後的送王了。

2 | 1

1. 入夜時分，大千歲神轎行經白沙尾漁港，遠方的煙火與港內的煙硝交映，呈現出電影般的瑰麗場景。
攝於二〇二一年

2. 碧雲寺的大轎遶境至綠燈塔時，正值魔幻時刻，金黃色的 LED 燈包裹著轎身，散發出一種無與倫比的神聖光彩。
攝於二〇二一年

BJ4753

身著白色服飾的中軍府神轎，在傍晚時分，遶境至白沙尾碼頭，轎身已點起 LED 燈，格外顯眼。
攝於二〇二一年

送王

四天遶境結束後，在送王前會有遷船遶境，遶行全鄉。不像前四天遶境只走重要區域，而是到小琉球各廟宇停留，沿途收煞驅瘟，讓鄉民們頂香膜拜，晚間再回到三隆宮前廣場，由道士進行「和瘟押煞」儀式。道士團舉行「拍船醮」科儀，為王船「點艙」及「開水路」後，在凌晨吉時出發，直抵中澳沙灘，舉行最後的送王儀式，也就是俗稱的「燒王船」。

長知識　和瘟押煞

藉道士道行、經文，奉請仙界勸阻五瘟使者、值年瘟神及各瘟神疫癘高抬貴手，念上蒼天好生之德，與千歲爺同乘王船離去，確保合境平安。道長先啟五營儀式，做五方結界，防外邪亂魔入侵，再以關祝五雷神燈儀式，祈地方平安、人物康阜。和瘟對頑劣瘟煞無所作用，則進行「押煞」的武場。擺設兩長凳，下置火爐，爐上放鐵鍋，長凳放畫八卦米篩，旁置一桶水，凳前火爐上放油鍋，道長各執五方押煞旗、草蓆、鍋蓋、掃帚，及法器如劍、牛角等，押逐不淨，將各界煞神疫鬼一一押上法船，達平安祭典目的。（資料來源：國立自然科學博物館迎王祭特展介紹）

長知識　拍船醮

又稱打船醮，正式稱呼為祭奠龍船。和瘟儀式後，道士對王船三獻酒、解纜，象徵解開王船纜繩，再依科儀本點添載、點班唱將，眾人同時要呼喊，表示貨物充足、船員登船就位，最後道長以鋤頭拖地繞船一圈開水路，將水潑灑王船頭尾，象徵潮水已至，可以出航。

王船遶境全鄉，二〇二一辛丑正科年，代天巡狩
「余」府大千歲。
攝於二〇二一年

2 | 1

1. 二〇〇九己丑正科年，「劉」府大千歲。
攝於二〇〇九年

2. 王船行經南山巖王母宮金都府。
攝於二〇〇九年

二〇二一年小琉球迎王祭，我們遇到一個無法解釋的插曲。

我們一群四人在碼頭等待，另一位朋友在對面，他說，船桅太高過不去，王船不會遶到這邊來。我們遲遲等不到決定放棄，騎三台摩托車正要離開時，四人同時看到王船船桅的王令在堤防邊飄動，心想：「欸？不是說不來嗎？怎麼又來！」因為遠看的角度被堤防擋到，我們又騎回來等，等了好久還沒出現，再退回來時就不見了。

照理，王船再遶行一下就會出來，但卻沒有。我覺得奇怪再追過去，從可視約幾百公尺處往動線看去，完全沒有王船。打電話問對岸那邊的朋友：「王船有過來嗎？」他說：「沒有啊！就轉回去了啊！」但我們四個人在白天同時看到那個王船船桅！

我沒辦法解釋為什麼會這樣。大概是分靈過來，讓我們看到。一人看到就算了，四人同時看到，其中包括部落客、拿過金鐘獎廣播主持人的屠潔。這樣的事真是太有趣！

救生小艇：民眾奉獻添載

小琉球民眾添載內容，從紅包、物品，五花八門都有。他們拿一艘像救生艇的迷你小船，到廟宇定點放著，民眾自己會去添載，我覺得很有趣。

白天遶境結束已經傍晚，隊伍進到一個很小的村莊，最後王船回到三隆宮休息。回程時，街上沒人，經過的村落人很少，一群人在昏暗天色下伴著會發光的王船，形成魔幻景象。

等到凌晨的吉時，王船才開始起駕，往舉行送王的海邊移動。這時候的海邊很熱鬧，所有轎子全到海邊一字排開。時間到了，開始燒王船，象徵王船啟航遊天河，送王爺回天庭繳命。

在二〇二一年（辛丑正科年）拍攝的送王，送余府大千歲回天庭。差不多凌晨時候，王船燒盡，送王儀式結束。

1 | 2

1. 王船遶境，沿途鄉民均設香案，舉香膜拜。
攝於二〇〇九年

2. 沿途民眾會將添載物（紅包……），放至救生艇造型的小船上。
攝於二〇〇九年

1
2

1. 喜見傳承，沒有傳承，必定斷層。
攝於二〇二一年

2. 清道小班頭。
攝於二〇二一年

燈光斑斕的中軍府神轎在幕色初降之際，
更添幾分神祕氛圍。
攝於二〇二一年

2 | 1

1. 以 LED 燈裝飾的王船，在暗巷中巡行，佐以兩側紅燈籠，宛若魔幻劇場。
攝於二〇二一年

2. 遶境完畢，回到三隆宮，靜待吉時，啟航遊天河。
攝於二〇二一年

長知識　添載

王爺信仰裡的迎王祭，最後儀式為送王，透過燒王船送王爺回天庭覆命。這習俗是中國沿海民眾數百年來的傳統，以燒王船象徵送走瘟疫疾病災厄。王船上面會放置天兵天將回天庭路上所需器具與食物，民眾捐出物資作為添載。

發光的神轎們在中澳沙灘上一字排開，蔚為奇景。
攝於二〇二一年

2 | 1

1. 烈焰是終結瘟疫的最佳利器。
攝於二〇二一年

2. 遊天河吉時到，恭送王船回天庭繳命。
攝於二〇二一年

之四

澎湖

菓葉炸王船時，王船被大量鞭炮包圍，起駕昇天之際，炮浪宛如海湧奔騰，瞬間席捲全船。拍過多次送王遊天河，第一次遇到「炸王船」，只能把下巴緩緩裝回。。
攝於二〇二二年

元宵乞龜祈福．外垵漁火、菓葉炸王船

元宵乞龜祈福・外垵漁火

澎湖古名平湖、彭湖，元宵乞龜祈福是當地獨有、古老的傳統。為祈求來年的豐收與平安，澎湖居民在元宵節舉行乞龜許願活動，是一項比過年還熱鬧的傳統習俗。

澎湖人乞龜，從早期的「肪片龜」發展至今，簡直是五花八門，各有特色。從三仙塔遠眺，頗具希臘風情的外垵漁港，從元宵一連三暝，每晚七點亮船燈，漁火通明，就是聞名的「澎湖八景」之一的外垵漁火。

澎湖對我來講有特別的淵源。我爺爺是澎湖人遷移到台灣。我常思考什麼叫做原鄉？對原鄉的情感濃度要到多少百分比，才能到達符合真正原鄉的標準？爺爺老家在白沙通樑，就是上跨海大橋前的橋頭，通樑古榕往後面巷子進去，老家都還在，家徒四壁，徒有四塊牆壁，咾咕石蓋的牆，屋頂全塌了，

最原始版本的「肪片龜」。
攝於二〇二三年

之四・澎湖

行政區—一市—馬公市（縣治），五鄉—湖西鄉、白沙鄉、西嶼鄉、七美鄉、望安鄉。

人口—十萬七千七百六十四人（至二〇二四年四月）

面積—一百廿六點八六四一平方公里

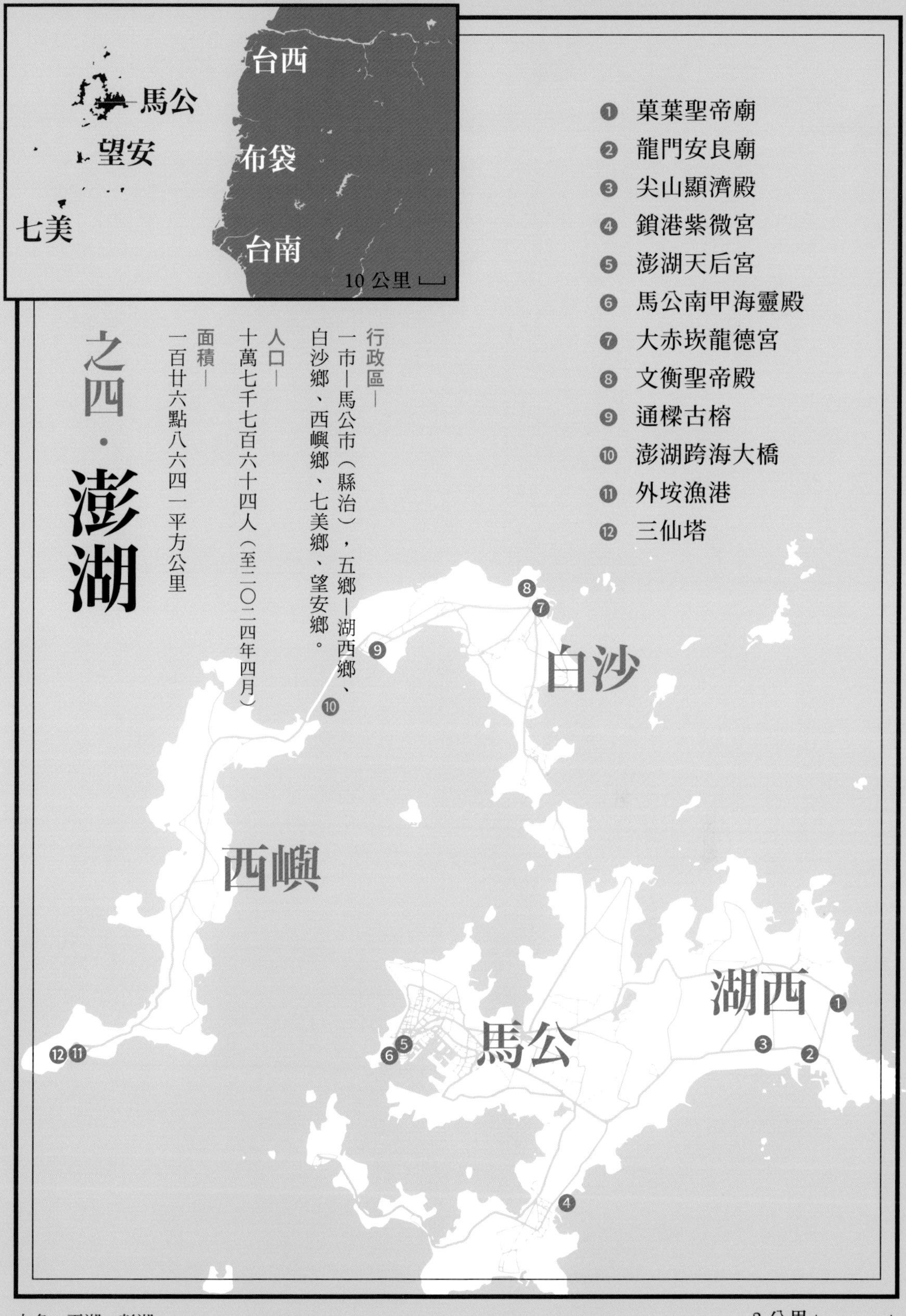

古名：平湖、彭湖

現在仍有父系親戚住在那邊。對我來講，澎湖是我四分之一的原鄉，可是我真正開始認識澎湖，是在我卅歲之後。

比台灣保留更多節慶民俗

澎湖外移的人很多，遷到台灣本島居住。我最早去拍外垵時，就耳聞「元宵乞龜」的習俗。有趣的是，在澎湖這樣的離島，元宵反而比台灣本島保有更多年節慶祝習俗或特別的民俗。

台灣很多地方原本也有「乞龜」，小時候就聽過，家裡會有乞龜，會有肪片龜糕點，就是吃平安。乞龜是為了還願，以前的人去乞龜，今天乞龜一斤，還願時會還更多，跟現在的借錢母有點類似。我十三歲從東港搬到台北，長大後，老人家也不在了，工商社會，小時候常見的古老習俗在台灣已式微，對我來講也疏遠了。

澎湖乞龜是全島大部分廟宇在元宵節都有的習俗。這次為了離島廟會拍攝計畫，二〇二三年元宵節我在澎湖待了四天，就是為了記錄元宵節的乞龜。元宵節快到前，澎湖的傳統餅店才會配合習俗推出季節限定的龜型糕餅，平日買不到。乞龜祈福活動不見得每間廟宇都有，有的去年有、今年沒有。

幾年前開始，澎湖用推廣觀光的角度切入，宣傳澎湖乞龜這項很有特色的民俗。各廟宇為了別出心裁，推出有別以往、特別吸睛的各種龜，不再是本來單純、傳統常見的米龜、麵線龜、肪片龜，這次看到，驚到幾乎掉下巴。據說還不如幾年前，疫情前更有趣，曾經還有高麗菜龜，這次找半天沒看到，可能是高麗菜歉收的關係。

我本想，既然這麼多廟宇都有乞龜活動，可以提早幾天就開始慢慢拍，後來才發現錯了，所有廟宇的乞龜全押在元宵那天早上才會完成。前一天去看僅有基座，看不到成品，只有紫微宮這個以保麗龍為基座、用泡麵及啤酒堆疊的大烏龜已完成，帶著

1
2

1. 澎湖天后宮的大米龜，重達八千八百斤。
攝於二〇二三年

2. 澎湖天后宮。乞到金龜，要記得過爐。
攝於二〇二三年

LED閃燈的有趣畫面，讓我想到日本民間故事「浦島太郎」，忍不住笑到爆。它的巨大體積和有趣的內容物堪稱最特殊，還有小朋友對著大烏龜合十拜禱。

2
3
4 1

1. 以台酒海島風啤酒及麻油雞碗麵為鋪面的祈福平安龜。
攝於二〇二三年

2. 馬公海靈殿是馬公南甲的甲頭廟（角頭廟），俗稱南甲宮，主祀蘇府王爺。這裡也是堆米龜。
攝於二〇二三年

3. 龍門安良廟的玖拾玖斤肪片龜。
攝於二〇二三年

4. 位於鎖港的紫微宮，主祀紫微大帝，製作出體型碩大的啤酒泡麵龜，堪稱乞龜活動之佼佼版。不禁令人聯想到浦島太郎的神話故事。
攝於二〇二三年

一願:百病不
二願:福壽安康
三願:八方財來
四願:財運亨通

福
福

3	1
4	2

1. 白沙的文衡聖帝殿位於赤崁村北方的海崖邊，又稱後壁宮。這是以重達三萬斤白米、九層疊起的霓虹色彩繽紛的米包龜，位於最上層的傑尼龜，更添童趣。
攝於二〇二三年

2. 九層米包龜配上 LED 燈，不得不佩服民間信仰的豐富想像力。
攝於二〇二三年

3. 龍門安良廟的金莎巧克力龜。
攝於二〇二三年

4. 湖西鄉尖山顯濟殿，是澎湖唯一祭祀謝安為主神的廟宇，神格化後稱為「顯濟靈王」。頭戴宰相帽的金磚平安龜，是由一八八八個金磚盒打造而成，象徵一路發發發的諧音，也是乞求學子金榜題名的象徵。
攝於二〇二三年

廟會是食材的蒙太奇競技場

那幾天跑廟時發現，澎湖的移動式賣菜貨車，也會放滿各種不同造型的烏龜糕粿，有肪片龜，也有燒成像大餅、皮厚厚的，都是元宵節才會販售，平日看不到。

澎湖歷史悠久、最代表性的廟宇天后宮，也製作了八千八百公斤的大米龜，還可以透過擲筊乞金龜，各種乞龜祈福的方式都有。還會看到很多特別的，譬如傳統的肪片龜，但背上花紋做得非常漂亮。更好玩的就是湖西鄉安良廟的金莎巧克力龜，非常現代。

看過這麼多有趣的廟會慶典，我一直覺得，台灣的廟會，特別是普度，就是食材的蒙太奇、競技場，想得到、想不到的食物或任何東西，都能拼湊成一個個神明的形狀或神龜。我看過魷魚做成的呂洞賓，還有半豬做成的三十六神將，拍攝記錄時只能驚嘆再驚嘆，然後把下巴扶回去，再繼續拍攝！

元宵那一天有很多廟舉辦抽獎，也會架起平安橋讓民眾通過解厄運。很多大人、小孩元宵節喜歡到廟裡擲筊，特別是白沙鄉大赤崁龍德宮這幾年推出刮刮樂，首獎是價值一百二十萬元的快艇。今年最大獎快艇名為「哪吒一」，應該是取其可以開得像風火輪一樣快吧?!本想試試手氣，結果因為刮刮樂售罄而飲恨。

眾漁船回港，漁火點亮璀璨夜空

元宵節晚上的重頭戲是在澎湖最西邊、距馬公約四十公里的外垵漁港，有一年一度的漁火場景，所有漁船全停泊港內點起漁火，晚上七點還會燃放煙火。

外垵本是小小的漁港，除非颱風天，很難看到漁船全部進港。元宵節這一天，整個漁港滿滿的漁船，傍晚天將暗而尚未全暗的魔幻時刻，漁船紛紛點起漁火。當港口成為一片漁火通明的畫面，黑暗夜空下特別璀璨亮眼，畫面帶有一種夢幻感。

這次拍攝我住馬公，早上開始騎摩托車

1
2

1. 白沙鄉的大赤崁龍德宮，俗稱「大赤崁三太子爺廟」的平安橋。
攝於二〇二三年

2. 大赤崁龍德宮除了擲筊乞龜外，這幾年更增加了摸彩券，最高獎品是快艇一艘，二〇二四年送出的艇名就叫做「哪吒」。
攝於二〇二三年

先到最東邊，然後再往西邊走，繞了很大一圈，等於是環島了。傍晚騎過跨海大橋時，真的還蠻害怕，覺得是拿命在拚！過橋前我自拍了一張，心想，萬一出狀況，我還有一張最後的照片。

那一天除了去拍非常熱鬧的外垵漁火，本來還有個任務是要拍武轎出動，其他拍攝的朋友沒等到放煙火就走了，因為實在太冷了。我回到馬公街上已八點多，雨很大，街上冷冷清清，不知是錯過時間還是雨太大，完全沒看到武轎。澎湖元宵節的三大重點活動，目前只記錄了乞龜祈福和外垵漁火。

長知識 離島冬冷，只適合特定主題旅遊

離島冬天不適合舒適旅遊，只適合特定的主題旅遊。金門很冷，馬祖和澎湖真的不要考慮，冬天唯一適合去的離島只有小琉球。澎湖旅遊淡旺季非常明顯，店家只做半年生意，冬天幾乎沒有遊客。我這次來拍攝，氣溫很冷，東北季風的風真不是蓋的！那幾天全身包得跟木乃伊一樣。

攝影經驗談

制高點

觀看外垵漁火燦爛畫面的最佳地點，是開車廿分鐘到附近高處的三仙塔。以前這一帶較荒涼，現在可以直接開車上去，也有停車場，設置了木造觀景台，居高臨下飽覽外垵漁火全貌。我曾走到三仙塔沒護欄的區域，在那邊只要一不小心腳滑或是大風吹來，大概就會直接墜海！雖然風景絕佳，但還是千萬要小心留神。

2 | 1

1. 外垵漁港位於西嶼，以溫王宮為信仰中心。
攝於二〇二三年

2. 元宵節的外垵村，光亮如白晝，並燃放煙火。三仙塔位於村落西側，矗立於山崖上，是最佳觀賞位置。
攝於二〇二三年

一年一會元宵限定版的「外垵漁火」，在魔幻時刻拍攝，
更是氛圍十足。
攝於二〇二三年

菓葉炸王船

王爺信仰不只在台灣中南部很常見，在澎湖也一樣興盛。王爺信仰在澎湖民間很普遍，超過百年歷史，迎王、送王（燒王船）都是重要的祭典活動。

有趣的是，送王對澎湖人而言是有備無患，澎湖的王爺駐紮時間不固定，時間最久的據說在桶盤曾待四十餘年之久，過四十餘年才回去繳旨。王爺來之後，會降旨做好王船，這次看了澎湖四、五間廟宇，廟中已有王船。但是若問什麼時候王爺要回去，都說不一定，得看王爺何時降旨。

王爺長年駐蹕，迎王祭不定期

剛好聽到菓葉這幾年都有不定時迎王，澎湖迎王不像台灣最常見的三年一科，通常在

正科年舉辦（二〇二一、二〇二四年是正科年，有許多地方舉辦迎王祭），澎湖迎王祭則是不固定舉辦，可能今年有明年沒有，也可能隔了很多年才辦，這是澎湖迎王很特別的地方。

2 | 1

1. 王爺科期已滿，即將恭送返天庭繳旨，千秋寶艦是祂們的交通工具。
攝於二〇二二年

2. 起駕昇天前，武轎先遶境為村民祈福。
攝於二〇二二年

二〇二二年底，我到菓葉拍攝送王。菓葉聖帝廟供奉的蕭、張、胡等三府千歲，駐蹕廟中已十五年餘，於二〇二二年十二月廿五日進行繳旨大典，千秋寶艦封艙儀式，添載物品填滿船艙，於廿七日恭送代天巡狩蕭、張、胡三府千歲起駕昇天及遶境，返回天庭繳旨述職。

菓葉位於澎湖本島最東邊的湖西鄉，是一個海邊村落。我沒有拍過菓葉，附近還有一個灰窯遺跡。現場的報馬仔有三位，是我在台灣沒看過的，非常特別。其中一位報馬仔騎著插滿令旗的機車衝到我面前來，說是來還願的，還特意停下來給我拍攝。

此地王船造型跟台灣的不太一樣，澎湖人稱王船為「千秋寶艦」，前面有黑令旗鎮煞。艦首畫龍，左右兩舷繪有泥鰍（另一說為海鰻）圖騰。台南曾文溪流域的王船首畫的大多是劍獅，東港的是財子壽全及雙龍，每個地方不同。這裡的王船上還有太極，東港的則沒有。這艘王船叫「天昌拾壹號」，

騎著電動馬的「報馬仔」！
攝於二〇二二年

1
2

1. 王爺的隨從兵馬。
攝於二〇二二年

2. 三十六天將又稱三十六天罡，負責菓葉聖帝廟
三府千歲返天繳旨大典維安的任務。
攝於二〇二二年

澎湖的千秋寶艦大部分都有一個編號。

送王之前，轎子會先出去遶境。現場拍照的人不多，民眾也沒有很多，天氣非常冷，海邊風也很大。菓葉送王是在白天送，跟東港習慣在夜間不同，過去只在曾文溪流域的迎王祭看過白天送王，燒王船的火在白天不太明顯。

大部分王船要遊天河，點燃前會埋一些鞭炮在裡面，但我從沒看過像菓葉這樣，直接用大量的鞭炮堆起來的，包括王船的添載還有下面堆的天庫，都以大量鞭炮整個點燃，炮浪就像海湧般席捲衝過來，砲聲隆隆，煙濤驚人。從開始起炸到結束，不超過十秒，瞬間整條船身就變黑了。

台灣中南部常見的燒王船，從點火到燒完王船變黑耗時很久，像東港王船的材質是結實木頭，要兩、三個小時以上才能燒完，菓葉炸王船則彷彿戰火中的霹靂戰艦。雖然我看過這麼多燒王船，但這個經驗太特別了，堪稱是我見過最豪華霹靂的一次。

2 | 1

1. 「小法」（圖右穿綠色衣服者）又稱為福官、法官，是澎湖宮廟最重要的儀式人員，從鎮符、安營、濟世、桌頭、祭煞、開光等，都是業務範圍之一。
   攝於二〇二二年

2. 澎湖小法乃澎湖宮廟神職人員之一，自古以來一直是澎湖民間信仰文化的典型代表。
   攝於二〇二二年

王船通常是三帆三桅，燒完後中桅倒向所指方向的村莊，就是被賜福會興旺的村莊，如果指向海邊，就是旺全部的人。人類在轉化的界線非常無遠弗屆，反正找到解釋，就可以找到活下去的理由。我認為，很多的信仰儀式都是倖存者定義出來的。

老人跪拜王爺，年輕人已不復見

送王現場看到一些老人家，雖然他們年紀已大，身手不再那麼俐落，要跪拜很困難，但還是會看到他們膜拜表達虔誠。送王這些儀式對老人家來說，是從小傳承下來的信仰，看到王爺就是要跪下。

這樣的場景，或許再過十年、二十年，老一輩都不在時就再也拍不到了。時代演變，信仰形式逐漸轉化中，畫面裡老人家的眼神和專注表情，見證了這一代老人家對信仰的虔誠。

如果在以前，看到的是一排老人家跪著，

現在拍的照片中、站後面的年輕人已經不會這麼做了，代表他們對這些宗教儀式沒有那種情感深濃的聯繫。

2 | 1

1. 信仰最深層的力量，來自庶民內心。
攝於二〇二二年

2. 人與神零距離，猶如信仰與土地，密不可分。
攝於二〇二二年

1
2

1. 恭請千歲爺登千秋寶艦，回天庭述命。
攝於二〇二二年

2. 炮火猛烈，船身瞬間變得焦黑。
攝於二〇二二年

報馬仔齊送王爺啟航。
攝於二〇二二年

不可思議的「炸王船」。
攝於二〇二二年

西嶼輪普，村莊輪流連續普度

輪普是澎湖西嶼鄉已經延續百年的歷史傳統，從農曆七月十三日到廿四日，在西嶼十一個村落，每日輪由一個村莊進行普度。最近有人去駐點，今天駐這個村落，明天換另一個村落，普了十幾天。但我不可能待那麼久，除非是在地人，才有可能記錄每一個村莊。

二〇二三年有一本《西嶼輪普》的繪本，作者洪莉棋介紹了西嶼這項傳統習俗。

長知識　澎湖王爺廟四十六間

根據澎湖王爺信仰研究者整理，澎湖各地的王爺廟高達四十六間，以馬公市最多，有十五間。湖西鄉九間，白沙鄉四間，西嶼鄉六間，望安鄉十間，七美鄉兩間。在全澎湖一百四十廟宇中，佔比排名第一，可見王爺信仰對澎湖人的重要。（資料來源：台灣師大歷史系歐佩怡碩士論文〈澎湖的王爺信仰及其傳說〉，第十五頁表一至一「澎湖地區王爺廟一覽表」，第卅三頁表二至三「二〇一五年澎湖主要神明數量統計表」）

1 | 2

1. 千秋寶艦遊天河一景。
攝於二〇二二年

2. 隨著最後中梲倒地的尾聲，三府千歲返天繳旨大典宣告結束。
攝於二〇二二年

之五 綠島、彭佳嶼

降旨出巡

巡洋海祭船隊從南寮漁港出發，遶島一周，集結場面壯觀。
攝於二〇二三年

綠島：台灣媽祖團三百年來首次集結登島、彭佳嶼

綠島：台灣媽祖團三百年來首次集結登島

綠島舊名又稱火燒島、雞心嶼、青仔嶼。

二〇二三年九月，綠島首次舉辦「巡洋海祭，貺（音同況。賜與之意）福綠島」海祭祈福活動，除了有東部在地的綠島天后宮、台東天后宮及順天宮，還邀請嘉義新港奉天宮、台南六甲恆安宮、雲林西螺社口福天宮、斗六石榴班長和宮、屏東新園龍喉宮……等，眾神齊聚綠島，巡洋海祭、島上祈福遶境及迎曙光，為綠島島民祈福。

以前去綠島採訪大都是拍人權園區，以及綠島的自然風光，過去沒有特別研究綠島的宗教信仰。這是台灣媽祖團三百年來首次集結登上綠島，聯合綠島天后宮進行海祭祈福，聽到這樣一個特別的祈福活動，我透過

來自新港奉天宮的報馬仔。

攝於二〇二三年

之五・綠島

行政區—屬於台東縣綠島鄉。

人口—四千二百八十一人（至二〇二三年底）

面積—十五點〇九一九平方公里

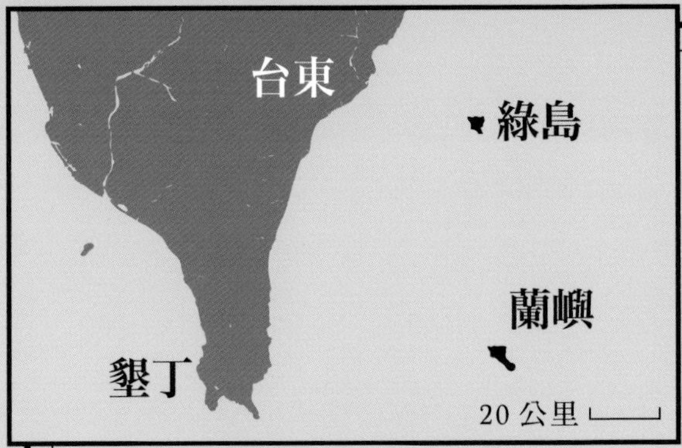

1. 白色恐怖綠島紀念園區
2. 孔子岩
3. 朝日溫泉
4. 綠島衛生所
5. 綠島天后宮
6. 南寮漁港

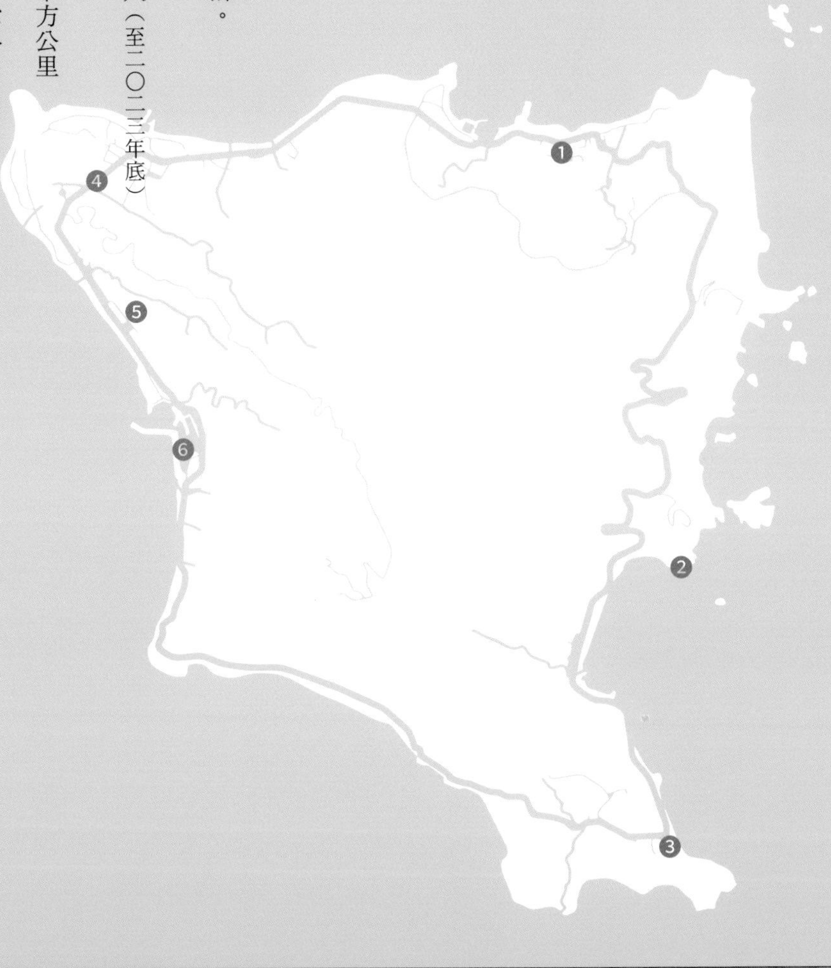

舊名：火燒島、雞心嶼、青仔嶼

1 公里

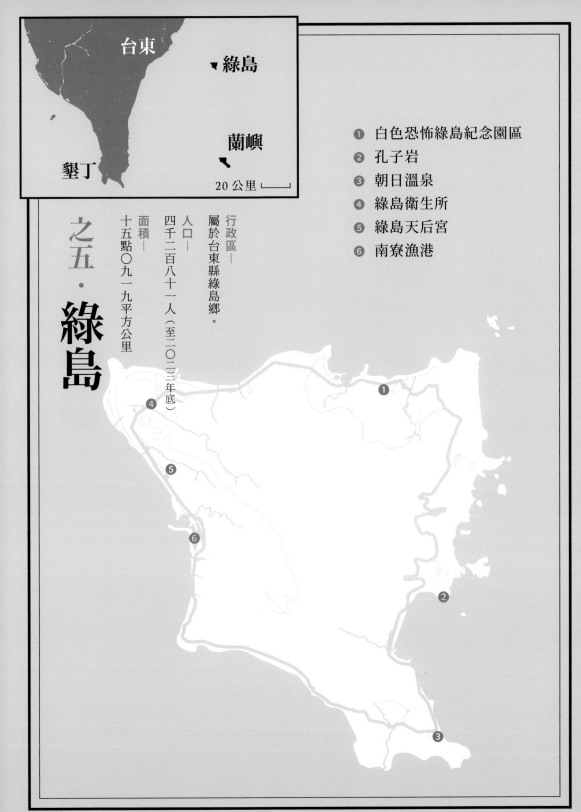

熟悉的朋友加入了攝影團。

南寮漁港碼頭搭建了臨時神壇，鋪設紅毯迎接媽祖團，眾人都在此等候神轎從台東富岡漁港搭船前來。

迎接眾神登岸後，先行休息，接下來再從南寮漁港出發遶港綠島。南寮漁港是這次遶港的起點，讓我想起小琉球的遶港腳，有點類似。

突然倒下的三叉戟旗

這時候發生了一件流血事件。我正在拍照，突然無名指一陣劇痛，接著血流不止。原來是金虎爺的三叉戟旗因為下方沒有固定而重心不穩，突然倒下。當時我正高舉相機拍照，三叉戟上最尖的白鐵部分直接砍在我的無名指，鮮血直噴。

工作人員趕過來，發現血止不住，立刻用摩托車載我到綠島衛生所。我背著全副武裝相機設備，左手緊扣著高舉的右手動脈處，就這樣抓著、被載著飆了兩公里到衛生所，縫了四針，縫完便衝出去繼續拍。

事情發生的當下，如果不是我正拿相機把手高舉，倒下的三叉戟恐怕砍到我的身體或頭部，而且如果不是手指握著相機，搞不好一節手指就沒了。

為了拍攝漁船載著眾神遶港，我出發返回港口邊，爬上五層樓高的堤防。這個堤防牆面是垂直的，不像一般常見是斜的。

我從工作用的垂直鐵梯爬上去，拍完之後發現傷口綳開，血又開始流出，於是又飆回衛生所，請醫護人員幫忙處理。醫生問：「你待會還會再爬嗎？」我說會，他說那等你爬完再來縫吧。

1
2

1. 台東天后宮的千順將軍。
攝於二〇二三年

2. 新港奉天宮媽祖神尊登島。
攝於二〇二三年

我繼續拍攝，直到那天整個遶港巡完。隔天，在朝日溫泉山上搭的棚子，所有神像將在那邊迎接朝日。

來不及完成的紀錄

當天晚上，我因為傷口發炎而高燒。隔天早上狂風暴雨，我整個人迷迷糊糊動不了，怕傷口綳裂感染，沒有辦法騎摩托車前往，所以這次綠島的海祭祈福，沒有完整地記錄下來，只拍到第一天的遶港。

這不是我第一次在拍攝過程受傷，後來到金門拍海醮也在小徑被紅火蟻咬。金虎爺團的解釋是，我的血光之災幫一些人擋了煞。我不知道明年綠島還會不會再辦，可能綠島過去有太多冤魂，以至於冤氣、陰氣很重、很重。

2 | 1

1. 鑼鼓隊為先鋒，引領神轎前往南寮漁港登船。
攝於二〇二三年

2. 來自全台各地宮廟的神尊，齊聚南寮漁港旁的臨時紅壇。
攝於二〇二三年

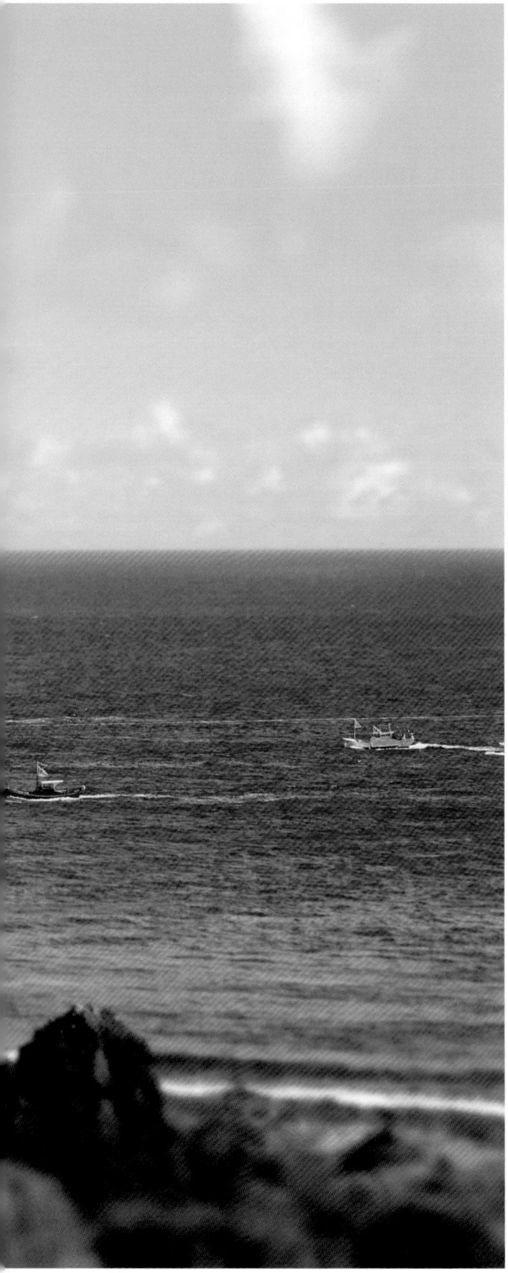

1
2

1. 媽祖神尊登船坐鎮船長室，準備啟航巡洋海祭。
攝於二〇二三年

2. 道長在巡洋海祭船上，進行安魂祈福儀式。
攝於二〇二三年

巡洋海祭船隊行經孔子岩。
攝於二〇二三年

彭佳嶼：王爺降旨出巡

彭佳嶼、花瓶嶼、棉花嶼合稱北方三島。彭佳嶼是三島中面積最大、地勢較平坦的島嶼，隸屬於基隆市中正區，是唯一有派員駐在的島嶼。

位於基隆外木山漁港的協安宮，供奉媽祖和五府王爺，是當地居民的信仰中心，每年農曆六月十八日池府王爺誕辰，都會舉辦海上遶境巡江。二〇〇七年王爺降旨，要到距離基隆港約五十六公里（三〇・二三七六海里）遠的彭佳嶼遶境，我在因緣際會之下，記錄了這場睽違十年的王爺海巡之旅。

二〇〇七年拍攝彭佳嶼，距今已有一段時間。我曾在基隆住了約十來年，太太跟外木山有淵源，她的外婆住在外木山，今年八十多歲。她會編草鞋，日本ＮＨＫ曾採訪過她。她是海女，但不是一般人常聽到、潛水的那種海女。她住海邊，海水退潮時會去撿退潮出現的貝類。因為會暈車，她沒辦法長途旅行，一輩子都在外木山一帶活動。

協安宮起源距今一百多年前。一九一八年，當地居民撿到一艘王船，王爺顯靈諭知，如果要保留王船，要蓋草寮，待漁村繁榮再蓋廟，直到一九六六年正式建廟。

建廟之始只有李、池、關三個王爺，後來加了朱、范、蘇三個王爺。廟裡可以看到六尊王爺，還有護佑漁民的水神水仙尊王，以及後來漁民從海上撿到漂流的媽祖神像，卜爻後裝金身供奉，再加上二郎神，出巡時可

之五・彭佳嶼

行政區—屬於基隆市中正區。

人口—僅燈塔、氣象站作業人員及海巡署人員，不到40人

面積—一點一四平方公里

以看到八到十尊神像。

農曆六月十八日，池王爺誕辰的「遊江」（或稱遊港、巡洋）是每年固定的盛會，和平島信仰中心社靈廟的三府王爺也會一起出港。遊江時王爺們會登上小漁船出港，在港外巡遊，最遠遶到野柳再遶回來，我曾跟著去遊江，拍過好幾次。

協安宮旁邊最明顯的地標，就是協和發電廠的三根煙囪。很久以前我讀過北方三島資訊，對台灣人來講不見得都有概念。很多島嶼的命名，都是從海上看見時得到的靈感。花瓶嶼從陸上看，看不出來為什麼叫花瓶嶼，但從海上看過就瞭解是以型命名。

當日凌晨時分啟航，隨行民眾將供奉於協安宮王船寮的小型王船放置到漁船上。
攝於二〇〇七年

王爺遠行而來，登島祝福

二〇〇七年某日，王爺突然降旨要去彭佳嶼找土地公聊天。剛好我太太的舅舅是廟裡的主事者，我一知道這個消息，馬上決定隨船記錄。以前規範較簡單，現在管得嚴，規定媒體人員必須全都集中在記者船上。因發生過落海事件，也規定記者全都要穿背心。

二〇〇七年距今已十七年，當時我跟他們一起登船，半夜十二點發船。

一上船阿伯就拿出高粱、滷味，一群人開始喝酒。我不喝酒，只吃點滷味，不久就發現不行了，因為小船很不穩、晃得厲害。阿伯說：「船開到那邊要早上六點喔。如果撐不住，就先去睡。」

船上的睡舖是個巢洞般的木頭空間，人滑進去能安穩地躺著。如果是平的，可能船晃著就會甩出去了，結果我真的睡著了！

凌晨醒來，當我看到彭佳嶼，第一印象就是長得很像一頭鯨魚，在海上從另一個的角度看，則很像一隻哈巴狗。

乘風破浪，與神同行。
攝於二〇〇七年

1
2

1. 經過約莫五個多小時的航行，我們在天亮時抵達彭佳嶼。從這個角度看，彭佳嶼像一隻臥躺的哈巴狗側面，島上燈塔清晰可辨。
攝於二〇〇七年

2. 另一個角度遠眺彭佳嶼，像頭抹香鯨。
攝於二〇〇七年

3 | 1
2

1. 福興宮內各式各樣不同造型的土地公，樸拙和善。
攝於二〇〇七年

2. 彭佳嶼上的兩處廟宇分別為「觀音巖」及土地公廟「福興宮」，此為福興宮。
攝於二〇〇七年

3. 清代時期已有百姓移居紀錄。據說有戶彭姓人家為避開械鬥，舉家躲避至此而被稱「彭家嶼」。如果屬實，「福興宮」前的香爐，「澎」字應為誤植。
攝於二〇〇七年

在沒有住民的離島出海遶境

船開了約五小時，終於來到彭佳嶼。這裡沒有可以停泊大船的正式港口，只能換小船接駁靠近陸地才能上岸。我們的目的地是土地公廟跟燈塔，燈塔從廟旁邊的小路上去，上面有一個守燈塔的人。

在土地公廟「福興宮」前，跟隨前往的北管在現場為進行的儀式奏樂。土地公廟很年輕，而且有很多造型不同的土地公神尊。

返程在港口等船，在臨時安排的桌上，協安宮各個王爺及媽祖等眾神排排坐。從協安宮王船寮供奉請出來的小王船，每年都會跟著眾神出去遊江。

在一個沒有住民、只有駐軍跟一個守燈塔人的北方離島彭佳嶼，進行出海遶境是一次很特別的經驗。

本書其他離島單元的廟會，是在地廟宇為護佑當地百姓進行的信仰活動。有別於這些廟會，彭佳嶼的出海遶境，則是來自遠方外木山漁港的協和宮眾神遠行而來登島祝福，我恭逢其盛，感覺別具特色，因此放入本書離島廟會的紀錄。

1｜2

1. 神明候船處。
攝於二〇〇七年

2. 與神明零距離的接觸，就是討海人心中
最直接的庇佑。
攝於二〇〇七年

2 | 1

1. 登島交流結束，登船返航。
攝於二〇〇七年

2. 回返基隆外木山，巡島遶境任務結束，功德圓滿。
攝於二〇〇七年

海之信仰・朝聖台灣離島

貢王・擺暝・逡港腳，島民祭典的影像側寫

攝影・口述　陳逸宏
文字撰述　沈維巖
選書　陳慶祐

編輯團隊
封面設計　Rika Su
地圖繪製　Rika Su
特約編輯　沈維巖
責任編輯　劉淑蘭
總 編 輯　陳慶祐

行銷團隊
行銷企劃　蕭浩仰、江紫涓
行銷統籌　駱漢琦
業務發行　邱紹溢
營運顧問　郭其彬

出版　一葦文思／漫遊者文化事業股份有限公司
地址　台北市 103 大同區重慶北路二段 88 號 2 樓之 6
電話　(02) 2715-2022
傳真　(02) 2715-2021
服務信箱　service@azothbooks.com
漫遊者書店　www.azothbooks.com
漫遊者臉書　www.facebook.com/azothbooks.read
一葦臉書　www.facebook.com/GateBooks.TW
營運統籌　大雁出版基地
地址　新北市 231 新店區北新路三段 207-3 號 5 樓
電話　(02) 8913-1005
訂單傳真　(02) 8913-1056
初版一刷　2024 年 11 月
定價　台幣 650 元
ISBN　978-626-98922-3-5

國家圖書館出版品預行編目（CIP）資料

海之信仰.朝聖台灣離島：貢王.擺暝.逡港 ,島民祭典的影像側寫/陳逸宏攝影.口述；沈維巖文字撰述. -- 初版. -- 臺北市：一葦文思, 漫遊者文化事業股份有限公司出版；新北市：大雁出版基地發行, 2024.11

256面；17×23公分

ISBN 978-626-98922-3-5(平裝)

1.CST: 臺灣文化 2.CST: 民間信仰 3.CST: 宗教文化

733.4　　113016015